# Success15 fifteen

サクセス15
May 2015
**5**

ttp://success.waseda-ac.net/



## CONTENTS

# お気軽にお問い合わせください。詳しい資料をすぐにお送りします。

●No.1表記は2015年2月・3月当社調べ

●**合格者数の集計について**　合格者数は、早稲田アカデミー教育グループ（早稲田アカデミー・WAC・ExiV・国研・MYSTA・早稲田アカデミー個別進学館（直営7校舎のみ））及び早稲田アカデミーシンガポール校に、塾生として正規の入塾手続きを行ない、受験直前期まで継続的に在籍し、授業に参加した生徒のみを対象に集計しています。テストのみを受験した生徒、夏期合宿・正月特訓・その他選択講座のみを受講した生徒などは、一切含んでおりません。

| | | |
|---|---|---|
| 明大明治高 全国No.1 | 98名合格 | 定員約100名 |
| 明大中野高 全国No.1 | 122名合格 | 定員約165名 |
| 中大附属高 全国No.1 | 81名合格 | 定員200名 |
| 中大杉並高 全国No.1 | 177名合格 | 定員300名 |
| 中央大学高 全国No.1 | 71名合格 | 定員120名 |
| 渋谷幕張高 全国No.1 | 101名合格 | 定員約40名 |
| 市川高 全国No.1 | 163名合格 | 定員120名 |
| 東邦大東邦高 全国No.1 | 88名合格 | 定員80名 |

実績ははじめから勉強ができる人たちによってのみ成し遂げられたものではありません。早慶附属高校、開成高校を目指す人がほぼいない状況からのスタートでしたから、「普通の生徒」の成績を飛躍的に伸ばして合格者数を増やしていくしか方法はありませんでした。中学受験や高校受験で本当に普通の学力の子供たちでも難関校に合格できるということを結果で証明したい、一部のできる生徒だけを伸ばすより、普通の学力の生徒を伸ばして合格させることに価値があると、私たちは全力で教務システムのレベルアップに取り組んできました。そして20数年間ひたすら合格実績を伸ばし続けてきたのです。事実、早稲田アカデミーにご入塾頂く生徒は、ごく一部首都圏外から毎週新幹線で通う生徒もいますが、そのほとんどは近所の普通の学力の子供たちで、例えば偏差値70以上が必要とされる開成・国立附属・早慶附属高校に進学した生徒の中1当時の偏差値は、5割以上が40台から50台なのです。早稲田アカデミーがこの20数年間で培ってきた、生徒を本気にさせ学力を飛躍的に伸ばすノウハウは、どの進学塾にも負けることはないと胸を張れる完成度となりました。それは今年の結果でも証明できたと考えています。

**受験勉強を通して子供たちは大きく成長します。**

　受験勉強を否定的に捉える人もいますが、私たちは極めて肯定的に捉えています。なぜならやり方・取り組み方によっては「何事にも本気で取り組む姿勢」「苦しさつらさをはねのける強さ」「一生なくならない高い学力・思考力」を身につけさせることができるからです。そして夢にまで見た憧れの学校に合格した感動や自信は一生消えない生徒自身の宝になり、支えるご家族にとっても何物にもかえがたい宝物になるからです。開成高校や早慶附属高校に進学していない生徒さんも、成績を飛躍的に伸ばし他の難関校に進学される方がほとんどであり、早稲田アカデミーで頑張ってよかったと、毎年大変多くの感謝の声を頂いております。

　現在早稲田アカデミーに通われている皆様、そしてこれから早稲田アカデミーに入塾される皆様の信頼と期待にお応えするために、私たちはこれからも、全力で最高の進学塾創りに取り組み続けて参ります。

(No.1 表記は 2015 年2月・3月当社調べ)

**酒井　和寿**
**早稲田アカデミー**
**教務部 次長**
高校入試部門 統括責任者


**お問い合わせ、お申し込みは早稲田アカデミー各校舎または本部教務部 03 (5954) 1731 までお願いいたします。**

# information
## ーインフォメーションー

早稲田アカデミー
各イベントのご紹介です。
お気軽にお問い合わせください。

**中2・3 対象**

# 日曜特訓講座

**お申し込み受付中**
お近くの早稲田アカデミー各校舎までお気軽にどうぞ

## 一回合計５時間の「弱点単元集中特訓」！

難問として入試で問われることの多い“単元”は、なかなか得点できないものですが、その一方で解法やコツを会得してしまえば大きな武器になります。早稲田アカデミーの日曜特訓は、お子様の「本気」に応える、テーマ別集中特訓講座。選りすぐりの講師陣が、日曜日の合計５時間に及ぶ授業で「分かった！」という感動と自信を、そして揺るぎない得点力をお子様にお渡しいたします。

### 中２必勝ジュニア　中２対象

**日程** 4/19、5/17、6/28、7/12

「まだ中２だから……」なんて、本当にそれでいいのでしょうか。もし、君が高校入試で早慶など難関校に『絶対に合格したい！』と思っているならば、「本気の学習」に早く取り組んでいかなくてはいけません。大きな目標である『合格』を果たすには、言うまでもなく全国トップレベルの実力が必要となります。そして、その実力は、自らがそのレベルに挑戦し、自らが努力しながらつかみ取っていくべきものなのです。合格に必要なレベルを知り、トップレベルの問題に対応できるだけの柔軟な思考力を養うことが何よりも重要です。さあ、中２の今だからこそトライしていこう！

### 中３日曜特訓　中３対象

**日程** 5/10、6/7、7/12

受験学年となった今、求められるのは「どんな問題であっても、確実に得点できる実力」です。ところが、これまでに学習してきた範囲について100%大丈夫だと自信を持って答えられる人は、ほとんどいないのではないでしょうか。つまり、みなさんの誰もが弱点科目、単元を抱えて不安を感じているはずなのです。しかし、中３になると新しい単元の学習で精一杯になってしまって、なかなか弱点分野の克服にまで手が回らないことが多く、それをズルズルと引きずってしまうことによって、入試で失敗してしまうことが多いものです。真剣に入試を考え、本気で合格したいと思っているみなさんに、それは絶対に許されないこと！ならば、自分自身の現在の学力をしっかりと見極め、弱点科目や単元として絶対克服しなければならないことをまずは明確にしましょう。そしてこの「日曜特訓」で徹底学習して自信をつけましょう。

**本部教務部 03（5954）1731までお願いいたします。**

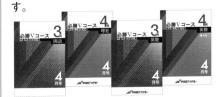

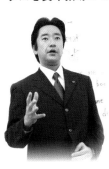

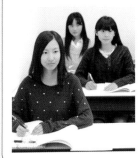

# 東大への架け橋

VOL.2

text by ゆっぴー

## 勉強が私たちに教えてくれること

みなさん、新しい学年での生活が始まりましたね。私も3年生からは本郷キャンパスに拠点を移し、新たな気持ちで勉強に取り組んでいます。毎朝東大のシンボルである赤門をくぐると、「よし、今日も東大生として存分に勉強しよう！」と気が引き締まります。

さて、今回はだれもが一度は抱いたことがあるであろう「なぜ勉強するのか」という疑問に私なりに答えてみようと思います。

みなさんのなかには「数学を勉強しても社会に出てから役に立たないだろう」と数学の勉強を嫌がる人もいるのではないでしょうか。私も算数はまだしも、数学は将来役に立つとは思えず、なぜ学ばなければならないのか不思議に思っていました。しかし、あるとき「数学は私たちにいったいなにを伝えようとしているんだろう」という疑問が芽生えました。

この疑問に対して私は「数学は個々の知識・解法を通じて、よりスケールが大きく重要で、かつ役に立つことを教えてくれる科目である」という結論を出しました。

三角形の合同の証明を例にとって説明します。この分野は覚えることが多いことに加え、答案の書き方も難しいため、ここで数学が嫌いになってしまう人も少なくないでしょう。しかし、証明を通じて数学が教えようとしていることは、合同条件や図の読み方といったテクニックではなく、答案を書くことを通じて「論理的に考え、その結果をアウトプットすること」というより大きなテーマだと思うのです。つまり、数学の勉強は、数学そのものの理解を目的としているのではなく、その根底にある論理的な考え方とその発信の仕方を伝えようとしているのではないでしょうか。

もちろん、知識の吸収が大切なのは言うまでもありません。例えば社会は、知識がなければそもそも問題を解くことができません。しかしその一方で、歴史の流れなどを社会科学的にどうとらえるのかということを教えてくれる科目でもあるのです。

これらのことをいまのうちから理解するのは難しいかもしれませんが、理解できなかったとしても、まずはがむしゃらに勉強を頑張ってみてください。そうすればいつの日か「ああ、こういうことか」と納得できる日がくるはずです。そのころには間違いなく、数学に限らず勉強が心から楽しいと感じていることでしょう。

### ゆっぴーの大学生活

東大生は勉強で忙しいイメージがあるかもしれませんが、1・2年生は比較的スケジュールにゆとりがあるので、社会勉強を兼ねてアルバイトをしている学生が多くいます。

東大生のなかで一番人気なのは、家庭教師・塾講師などの教育系のアルバイト。私も1年次は個別指導塾で塾講師をしていましたが、教えるということがいかに大変かを身をもって経験することができました。

次に人気なのが、学歴がいっさい関係なく、集中的に稼げると噂の飲食系のアルバイトで、私も2年生のころパンケーキ屋で働いていました。飲食の現場は忙しく、やるべきことを一瞬で洗い出し、優先度の高いものから素早くこなすことが要求されます。最初はそのスピードについていけず、慣れるまで非常に大変でした。そのとき、仕事ができることと勉強ができることはあまり関係がないのだなと感じました。

みなさんも将来はぜひ色々なアルバイトに挑戦して、自分の知らなかった世界をのぞいてみてください。

バイト先のカフェにて

**現役東大生・ゆっぴーに答えてほしい質問を大募集！**
**あなたの質問にゆっぴーが答えてくれるかも？**

QRコードからも!!

あて先　〒101-0047 東京都千代田区内神田2-4-2 グローバル教育出版 サクセス編集室
FAX：03-5939-6014　e-mail：success15@g-ap.com まで質問をぜひお寄せください！

## 先輩教えてください！

# 合格をつかむための13の質問

第1志望の難関校合格を果たした先輩のみなさんに、
合格をつかむための13のヒケツを教えてもらいました。
これを読んで、自分に取り入れられるものを積極的に取り入れて、
これからの受験勉強の参考にしてください。

小松《こまつ》 拓実《たくみ》くん
千葉県立千葉 進学
ほかの合格校
江戸川学園取手、市川、東邦大学付属東邦

阿部《あべ》 紗子《すずこ》さん
早稲田実業学校 進学
ほかの合格校
桐蔭学園

後藤《ごとう》 優作《ゆうさく》くん
筑波大学附属駒場 進学
ほかの合格校
開成、渋谷教育学園幕張、桐蔭学園

石井《いしい》 愛《あい》さん
神奈川県立横浜翠嵐 進学
ほかの合格校
桐蔭学園

小松《こまつ》 清か《さや》さん
筑波大学附属 進学
ほかの合格校
慶應義塾女子、豊島岡女子学園、栄東

## Q1 第１志望校はどう決めましたか？

阿部さん

小学生のときに早稲田実業の文化祭に行って、その雰囲気がよかったんです。呼び込みなどをしている先輩のみなさんもすごく楽しそうで、それ以来憧れていました。中学生になってから学校説明会に参加して、そのときもいい学校だなと思いました。

後藤くん

中３になって筑駒の名前を知り、知れば知るほど自由な校風に魅力を感じたのが理由です。

小松さん

まだ自分がなにをしたいかも決まっていなかったので、大学附属校よりも進学校にしようと思いました。そのなかで、部活動の先輩が進学していて、すごく楽しい学校よって言っていたし、文化祭に行ったりして憧れが大きくなった筑波大附属に決めました。

石井さん

医者になりたいという夢のために、横浜翠嵐に入って３年間一生懸命に勉強したいと思ったからです。

## Q2 落ち込んだり疲れたりしたときどうしましたか？

小松くん

自分が休んでいる間に、ほかの人は頑張っているんだって思うと、やる気が出ました。やらないとどんどん差が開いちゃうなって。

後藤くん

苦手な科目に対しても、「志望校合格にはこれが必要なんだ」と考えることで前向きに取り組めました。

小松さん

疲れたときはおやつを食べていました。あとは、勉強の合間に休憩を入れて、音楽を聞いたりマンガを読んだりすることでうまく気持ちを高めることができたと思います。

## Q3 勉強と部活動の両立はやっぱり大変？

小松くん

中３の７月ごろまで部活動をしていました。朝６時ぐらいに起きて朝練に行く、放課後は６時半ごろに部活動が終わってすぐに塾に向かっていたので、引退するまで、家に帰ったあとにはあまり勉強ができませんでした。ぼくと同じような人はそのぶん、学校の休み時間とかすき間時間を有効活用するといいですよ。

阿部さん

部活動が中３の10月終わりまであったので大変でしたが、部活動が終わって帰ってきて、塾に行くまでの少しの間に、疲れていても勉強をするようにしていました。もう部活動をやっていない子はその間に勉強をしているので、それに追いつこうという気持ちで頑張りました。

後藤くん

中３の10月ごろまで部活動がありました。平日は練習が６時ぐらいに終わって、それから塾に行っていました。中３の夏休みは、部活動の練習と塾が重なるときは顧問の先生が休ませてくれたので、試合以外のときは塾を優先していました。

小松さん

中３の夏休みに最後の大会があるような熱心な部活動だったので両立は大変でしたが、部活動も集中してやらないと心残りができてしまうと思いました。勉強と部活動の両立は大変だけど、悔いが残らないようにした方がいいと思います。

石井さん

生徒会活動と部活動があったので、一番忙しかったときは、毎日遅くまで学校にいて、そのまま塾に来てという生活で大変でした。でも、横浜翠嵐に行くためには内申点も必要だったので、定期テストの前は夜中も勉強していました。

## Q4 自宅ではどれぐらい勉強していましたか？

小松さん

部活動引退後は、学校から帰ってきて塾の授業があるまでの間は、塾の自習室や家で勉強していました。２～３時間だと思いますが、その時間は集中して勉強していました。塾から帰宅してからはそんなに勉強はしなかったです。でも休日は、図書館や塾の自習室で朝から晩まで結構ストイックにやっていましたね。

小松くん

部活動を引退する前は、１日１時間ぐらい。中３になってから、合計で１日３時間ぐらいするようになりました。

阿部さん

塾に入るまでは部活動と習い事で忙しかったのでそんなに勉強時間はありませんでした。塾に行くようになってからは、９時半ぐらいに帰宅してから、12時ぐらいまでするようにしていました。

石井さん

塾が終わって帰ってきたら11時。学校の定期テスト前は、夜食を食べて夜中の２～３時まで勉強していました。日曜日にも塾に行くようになってからは、それまで日曜日にやっていたぶんを学校の休み時間にしていました。

後藤くん

部活動がある間は、10時前ぐらいに帰宅して、夜はリスニングなどを少しだけやっていました。基本的にぼくは睡眠時間が少ないとダメだったので、できるだけ11時半までには寝て、６時ぐらいに起きるようにしていました。

## Q5 苦手科目、どう克服しましたか？

小松くん

社会が苦手で、数学も直前まであまりできませんでした。社会は授業の内容を復習したり、歴史の年号を覚えたりして克服しました。語呂合わせを自分で考えたり、インターネットで調べたりしました。数学は苦手意識は持っていなかったんです。だから、塾の先生に言われた「入試演習の解き直し」をやって、できないところを１から解き直していくうちにできるようになりました。

後藤くん

一番苦手だったのは理科です。元々は天体などの分野がよくわからなくて苦手意識があったのですが、簡単なところから自分で調べて、頑張って理解して、その理解を重ねていくことで克服できました。

石井さん

英語が本当に苦手でずっと逃げていました。中３の11月の模試でも60点ぐらいしか取れないぐらいでした。でも、このままだと志望校に行けないと思って、毎日英語に触れるようにしました。母が英語を話せるので、家では英語で話してもらってリスニング対策をしたり、英語専用の間違ったものをまとめるノートを作って毎日つけるということを繰り返しました。

小松さん

数学が苦手で、中３の夏から入試まで、使っていたテキストを何回も何回も解いたり、解き方を書いたりして覚えて、その問題を見れば答えがわかっちゃうぐらい解きました。そうすると同じような問題のパターンなどがわかるようになりました。あとは間違えた問題を１冊のノートファイルにまとめて、それを読んで「もう間違えないぞ」と意識することも役立ったと思います。

## Q6 スランプはありましたか？

小松さん

長いスランプではありませんでしたが、国立校が第１志望なのに、国立校の模試で結果がなかなか出なくて、これじゃ受からないんじゃないかと落ち込んだときがありました。じつは受験直前もそうだったのですが、落ち込んでいても意味がないなと思ったので、できなかったところを復習したら、「できなかったこと」自体は忘れて気にしないようにすることで克服しました。

阿部さん

過去問が全然解けない時期があったんです。塾の先生方に相談して、解説をしっかり読んで、自分の苦手なところの問題を解くようにしていくと段々と解けるようになりました。

後藤くん

スランプというか、きつかったのが中２の終わりごろ。でも、とにかく勉強したことでその努力が自信につながつて、自然とポジティブに考えられるようになり、克服しました。

## Q7 入試当日、どんな気持ちでしたか？

小松さん

慶應女子を受験した当日の朝は緊張しすぎて泣いちゃったりしたんですけど、第一志望の筑波大附属の入試日は、慶應女子の結果も出ていたし、塾の先生に握手してもらったりしたら、大丈夫だなと自信を持って臨めました。でも、理科の試験が難しすぎて、終わってからすごく落ち込んだんです。それで、自分でもなぜそうしたかわからないんですが、トイレに行って、休憩時間15分のうちの５分ぐらいボーっとしていたら、「次の社会で頑張って点数を取らないとだめだ！」って気持ちを切り替えることができました。

後藤くん

さすがに、開成の試験10分前はドキドキしましたが、ちょうどいいぐらいの緊張感でした。そのあとの筑波大附属駒場のときは、自分でも不思議なぐらい落ち着いていました。周りの受験生もあまり緊張しているようには見えなかったですね。

阿部さん

とにかくいつも通りに問題を解けるようにしようと心がけました。あと、休憩時間にチョコレートを食べて、それでリラックスしていました。

石井さん

横浜翠嵐の入試当日は、それまでの私立校入試のときとは緊張感が違うし、私の学校から受検する人もいなくて、周りに知っている人もいないなかで、その不安をだれかに話すこともできませんでした。でも、塾の先生が来てくれて、会場で会えたことで緊張がほぐれました。嬉しかったです。

## Q8 やっておいてよかったと思うことはありますか？

石井さん

どうしても使う必要があるとき以外は、３ヵ月くらい塾の先生に携帯電話を預けていました。持っているとついつい勉強の合間に使ってしまうので。これが合格のポイントと思うぐらいに自分のなかでは意味がありました。

小松くん

塾の授業前にやった入試演習の解き直しが自分にはよかったです。

小松さん

過去問演習をしたあとに、できなかったところを１冊のノートにまとめたものを中３の秋に作っておいたのがよかったです。受験直前にはお守りみたいになるし、見直すとすごくためになりました。

## Q9 工夫した勉強法はありますか？

小松くん

問題を解いて、間違えたときに、その年号や単語などを青ペンで書いておくと、自分はすごく覚えやすかったです。

小松さん

全教科、とくに数学や社会、理科のできなかった問題や知識系をノートにまとめて、それをオレンジの文字で書いてシートで隠せるようにして、通学時や時間ができたときに読むことで覚えられました。

石井さん

合格ノートを作っていました。模試などのテストはもちろん、授業内で解いたプリントといった小さなものまで、間違い以外も全部まとめるようにして、解答部分だけ赤ペンで書いて、赤シートで隠せるようにしていました。この合格ノートはつねに持ち歩いていました。

後藤くん

具体的な勉強法ではありませんが、それぞれの教科に対して、「知りたい」という前向きな姿勢で取り組むようにしていました。

## Q10 やっておけばよかったなと思うことはありますか？

後藤くん

途中まで、とくにうまくいかないときは表面的な勉強（ひたすら計算問題を解くなど）をしていました。なので例えば、数学だったら問題を解く際の考え方を変えてみるなど、そういう勉強が必要だと思います。自分は失敗からそこに気づけたからよかったです。

小松くん

中１のころからちゃんと勉強しておけばよかったなと。例えば、数学の相似を中２で習いますが、そのときに集中して学んでおけば最後に苦労しなくてよかったと思います。

石井さん

数学をもっとやっておけばよかったです。社会と理科に時間を割いてしまったのですが、受験した私立校、国立校では数学があまりできなかったし、横浜翠嵐も今年難しくなっていたので、もう少しハイレベルな問題を解いておいた方がよかったかなと思います。

## Q11 受験の支えになった存在、言葉はありますか？

阿部さん

塾の同じ校舎のクラスメートとみんなで「絶対志望校に合格しようね」と励ましあっていました。

後藤くん

塾の先生方に、そのときどきに合った言葉をかけてもらって、それがいつも的確に響きました。

小松くん

親や友だちに「最後まで頑張れ」と言ってもらったことです。

石井さん

「壁は乗り越えることができる可能性のある者にしか現れない」という言葉を塾の先生が言ってくれたことが一番印象に残っています。いまは横浜翠嵐という壁があるけど、きっと乗り越えられるよって。

## Q12 最後まで自信を持てた理由を教えてください。

小松さん

気持ちの部分では、学校も塾もいっしょで仲のいい友だちがいて、志望校も似ていて、休日などに勉強していることでいっしょに戦っているなと思えたり、塾の先生と親密な関係を築けたりしたことが心の支えになったからです。

小松くん

自分が塾でやってきた勉強の量や質が、絶対ほかの人に負けないという自信があったからです。

後藤くん

すごくポジティブに受験勉強に取り組めたのですが、それには部活動が大きかったです。大会でいい成績を残したというわけではないですが、友だちや先生と、負けてもそこから立ち上がっていく経験というのが役立ったと思います。

## Q13 入試当日のお守りを教えてください。

小松さん

入試当日、私は知らなかったのですが、母親がカバンにチョコレートを入れてくれていたので、それを食べようとしたら、メッセージが入っていて、「さやちゃんならできるよ」って書いていくれていて、すごく嬉しかったです。そのメッセージはいまもとってあります。

後藤くん

祖父と友だちからもらったお守り、それと塾のハチマキです。

石井さん

ずっと使ってきた合格ノートと、幼稚園のときの友だちが「受験頑張ってね」という手紙をくれたので、その手紙です。それと塾でもらったパスケースとハチマキですね。

## advice 受験生のみなさんへ アドバイス

阿部さん

私の場合は志望校に対しての憧れが大きかったことで、中3からでも「とにかくやるしかない」という気持ちでできました。本当に行きたいと思える学校を志望校にすることで、勉強も頑張れると思います。

後藤くん

ぼくは受験直前の20日間ですごく成長できたと思っています。とくに中2の人はそんな期間がまだ1年間ありますから、その時間をムダにしないでください。

石井さん

これまでやってきた自分を信じて、最後まで諦めずに頑張ってください。その努力が必ず実を結びます。

小松さん

受験直前は緊張もあって、自信がなくなったりすることもあると思います。でも自分がそこまでにしてきた努力は絶対自分の支えになっているので、その頑張りに自信を持って受験に臨めば合格できると思います。頑張ってください。

小松くん

試験当日も普段通りいつもと同じ時間に起きましょう。そして、試験では最後まで諦めないことが大切だと思います。

数学ってこんなにおもしろい！

# 数の不思議

みんなは数学は好き？ それとも嫌い？ この特集では、数学が得意な人はもちろん、苦手な人でも興味を感じてもらえるようなおもしろい「数の不思議」を集めてみたよ。数学をテーマに選んだおすすめの本と映画の紹介も必見だ。

## 9の倍数その1

**9**という数にこんな不思議があるのを知っているかな。
**9**の倍数は、隣の桁をそれぞれ足すと最終的にすべて**9**になるんだ。
例えば、

$9\times2=18\quad 1+8=9$

$9\times3=27\quad 2+7=9$

$9\times4=36\quad 3+6=9$

大きな数でも、同じように最終的に1桁になるように計算すると、**9**になる。

$9\times11=99\quad 9+9=18\quad 1+8=9$

$9\times2015=18135$

それぞれ足すと

**18**になり、**1+8=9**になる。

## 9の倍数その2

**9**の倍数を使ったおもしろい式を紹介しよう。
**12345679**という数字に、**9**の倍数をかけてみよう。さて、どんな結果になるだろうか。

$12345679\times\ 9=111111111$

$12345679\times18=222222222$

$12345679\times27=333333333$

$12345679\times36=444444444$

$12345679\times45=555555555$

$12345679\times54=666666666$

$12345679\times63=777777777$

$12345679\times72=888888888$

$12345679\times81=999999999$

なんと、答えが全部同じ数のぞろ目になってしまうんだ。

## 3912657840

**3912657840**はじつはすごく不思議な数なんだ。よく見ると、**0**から**9**までの数字を一度ずつ使っているのがわかるけど、どこが不思議なのかはパッと見ただけじゃわからないよね。

ヒントは、割り算。

**3912657840**は、**0**を除くすべての1桁の数、つまり、**1**、**2**、**3**、**4**、**5**、**6**、**7**、**8**、**9**で割りきることができるんだ。

しかもこれだけじゃない。さらに、この数に含まれる任意の隣り合う2桁（**39**、**91**、**12**、**26**、**65**、**57**、**78**、**84**、**40**）でも割りきることができる。

本当かどうか、計算して確かめてみてね。

## 数字のピラミッド

不思議な規則性のある数字のピラミッドを紹介するよ。まずは**1**のピラミッドだ。

**1×1=1**
**11×11=121**
**111×111=12321**
**1111×1111=1234321**
**11111×11111=123454321**
**111111×111111=12345654321**
**1111111×1111111=1234567654321**
**11111111×11111111=123456787654321**

答えが**8**になるピラミッドもあるよ。

**9×9+7=88**
**98×9+6=888**
**987×9+5=8888**
**9876×9+4=88888**
**98765×9+3=888888**
**987654×9+2=8888888**
**9876543×9+1=88888888**
**98765432×9+0=888888888**
**987654321×9−1=8888888888**
**9876543210×9−2=88888888888**

## 142857

かけ算すると不思議な数が、**142857**だ。どう不思議なのかというと… **1**〜**6**までの数をかけて、答えの部分を見てみよう。

**142857×1=142857**
**142857×2=285714**
**142857×3=428571**
**142857×4=571428**
**142857×5=714285**
**142857×6=857142**

不思議！　すべての答えで**142857**という数が繰り返している！
では、**6**の次の**7**をかけるとどうなるだろうか。

**142857×7=999999**

今度は**9**のぞろ目になってしまった！
ちなみに、**8**以降の数をかけると以下のように繰り返しはおきず、この法則は崩れてしまう。

**142857×8=1142856**

ところが、答えの、一番左の桁の数（この式の場合**1**）を取って一番右の桁の数（この式の場合**6**）に足してみると…**142857**となり、また繰り返しが表れるんだ。このように、かけ算や足し算したときの答えがそれぞれの桁の順序を崩さずに巡回する整数には、巡回数という名前がつけられているよ。

## 誕生日がわかっちゃう!?

簡単な計算で、見事に相手の思い浮かべた数をあてることができる数学マジックをやってみよう。ここでは、誕生日をあてる方法を紹介するよ。こういった数学マジックはほかにもパターンがあるので、興味がある人は調べてみよう。

**やり方**　※(　) 内は誕生日を**12**月**25**日と考えた例
① 自分の誕生月の数に**4**をかけてもらう。
　(**12×4=48**)
② その数に**9**を足す
　(**48+9=57**)
③ その数にさらに**25**をかける
　(**57×25=1425**)
④ その数に今度は誕生日の数を足す
　(**1425+25=1450**)
⑤ この計算で出た3〜4桁の数を教えてもらい、そこから**225**を引く（**1450−225=1225**）。この答えの数字がその人の誕生日を表すので（**1225**だから、**12**月**25**日）、このとき**225**を引くことは言わないで計算しよう。そうすると、④で出た誕生日とは関係ない数字からズバリと誕生日をあてたようにできるよ。

## 6174

**1111**や**2222**のような同じ数が連続するぞろ目以外の、4桁の整数を適当に思い浮かべてみてほしい。
次に、それを大きい数の順に並び替えてみよう
　　例：**2015**→大きい順にすると…**5210**
そして、小さい順にも並び替えてみる…**0152**
大きい順の**5210**から小さい順の**0152**を引くと

**5210−0125=5085**

この答えを同じように大きい順に並び替え、さらに小さい順の数を引く。これを繰り返すと、１つの不思議な数にたどり着く。

**8550−0558=7992**
**9972−2799=7173**
**7731−1377=6354**
**6543−3456=3087**
**8730−0378=8352**
**8532−2358=6174**

不思議な数がこれ、**6174**だ。これ以降は、**6174**が繰り返される。ぞろ目以外のどんな4桁でも、この方法で計算していくと、最終的には**6174**が表れるんだ。この数はカプレカ数と呼ばれ、4桁以外にも色々ある（4桁では**6174**のみ）。

## 数学がもっと好きになる 本

3

2

1

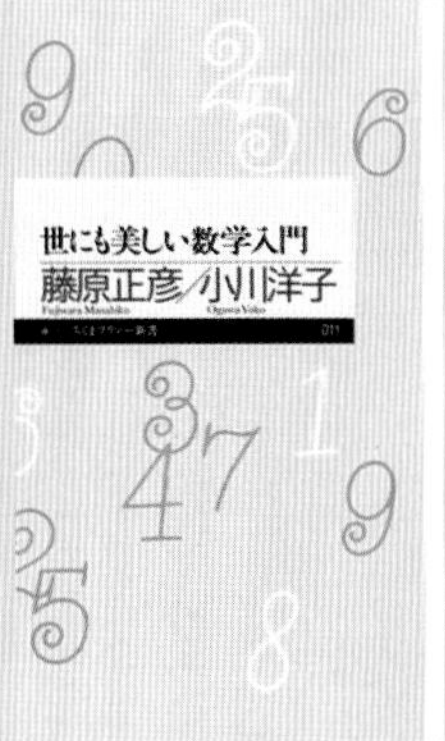


3

### 『数学ガールの秘密ノート 式とグラフ』

結城浩
ソフトバンククリエイティブ　1,200円＋税

**中高生の数学トーク**

主人公の高校生「僕」と３人の女子中高生たちが数学の魅力に迫る物語。物語は会話を中心に進み、文中に出てくる問題も中高生で習うものなので、数学が得意な人はもちろん、苦手な人も楽しく読める。シリーズ化もしているよ。

2

### 『数の悪魔 算数・数学が楽しくなる12夜』

エンツェンスベルガー
晶文社　1,600円＋税

**悪魔のおかげで数学好きに?**

数学が苦手な少年ロバートの夢に、数にまつわる不思議な話を教えてくれる「数の悪魔」が現れた。初めは悪魔を怪しんでいたロバートも、徐々に話のおもしろさにのめり込んでいき…。数学が嫌いな人にこそ読んでほしい１冊。

1

### 『世にも美しい数学入門』

藤原正彦・小川洋子
筑摩書房　780円＋税

**数学者×作家の対談**

数学者でありエッセイストでもある藤原正彦氏と、『博士の愛した数式』などの作品で知られる作家・小川洋子氏の数学をテーマとした対談をまとめたのが本書。これを読めば、数学がいかに美しい学問かがわかるはず。

## 数学がもっと楽しくなる 映画

3

2

1

3

### 『武士の家計簿』

『武士の家計簿　スペシャルプライス版』
DVD発売中　2,500円＋税
発売元：アスミック・エース／松竹　販売元：松竹
©2003 磯田道史／新潮社
©2010「武士の家計簿」製作委員会

**江戸時代の身近な数学**

数学的センスと得意のそろばんで、加賀藩の現代でいう経理を担当する猪山直之。家では借金返済のため、質素倹約に努め家計簿をつける。当時の生活に密着した計算と「俵杉算」や「鶴亀算」といった和算に触れられる作品だ。

2

### 『グッド・ウィル・ハンティング 旅立ち』

『グッド・ウィル・ハンティング 旅立ち』
Blu-ray発売中　2,381円＋税
発売元：ワーナー・ホーム・ビデオ

**人生を変えた数学の才能**

ウィルは窃盗事件を起こすなど素行の悪い青年。しかしすばらしい数学の才能を持つ。その才能を見初められ、彼の人生は再生していく。彼のように難問をパッと解けるようになりたい！ と思えば数学の勉強も頑張れるかも。

1

### 『博士の愛した数式』

『博士の愛した数式』
DVD発売中　4,700円＋税
発売元：アスミック・エース
販売元：株式会社KADOKAWA　角川書店
©2006「博士の愛した数式」製作委員会

**数学者が伝える数学の魅力**

事故の後遺症で80分しか記憶を保てないが、天才的な数学者である主人公。彼は誕生日や電話番号の数字を「友愛数」や「素数」として数学に結びつけて話す。原作は上で紹介した小川洋子氏の同名小説。

# 一新されたキャンパスで早稲田大学の中核を担う人材を養成

WASEDA UNIVERSITY SENIOR HIGH SCHOOL

# 早《わ》稲《せ》田《だ》大《だい》学《がく》高等学院

東京都　練馬区　男子校

大学受験にとらわれず、「学びの自由」を追求しながら、興味のあることに夢中になれる環境が整う早稲田大学高等学院。従来から指定されていたＳＳＨ（スーパーサイエンスハイスクール）に加え、新たにＳＧＨ（スーパーグローバルハイスクール）にも指定され、生まれ変わったキャンパスで、新たな歴史を刻み始めています。

山西《やまにし》 廣司《ひろし》 学院長

## 早稲田大学創立150周年を見据えたプロジェクトが始動

1949年（昭和24年）に開校した新制早稲田大学附属早稲田高等学院を始まりとする早稲田大学高等学院（以下、早大学院）。開校当初、校舎は早稲田大学の敷地内にありましたが、1956年（昭和31年）現在地に移転、2010年（平成22年）の中学部の併設に伴い大規模なキャンパス整備が進められ、施設・設備は新たに生まれ変わりました。

早稲田大学の附属校であるため、教育の前提には「早稲田大学の中核をなす人材の育成」が掲げられており、教育理念も早稲田大学の三大教旨「学問の独立」「学問の活用」「模範国民の造就」が引き継がれています。

　早稲田大学では、この建学理念を現代社会にふさわしい形で実現するべく、2032年（平成44年）の創立150周年に向けて「WASEDA VISION 150」を策定しました。それぞれのビジョンを実現するため、多種多様な戦略が示されており、早大学院でもこのビジョンをもとにした教育が行われていきます。

「この『WASEDA VISION 150』の精神を活かして、高校でしかできない教育を提供しています。卒業後、大学で中心となって活躍してもらうためにも、本校ならではの教育を展開していきたいです。さまざまなビジョンのなかでも、『グローバルな社会に対応できるリーダーの育成』が大きな柱になるのではないでしょうか。かならずしも『リーダー』という存在にならなくても、グローバルな社会にしっかりと対応できるような生徒を育成したいと考えています。」（山西廣司学院長）

## 多様な個性が集い切磋琢磨できる環境

「中入生は高校受験にとらわれない自由な中学時代を過ごしてきたでしょうし、高入生は高校受験という壁に向かって努力を積み重ねてきたと思います。また、高入生のなかには、自己推薦入試で入学する生徒もおり、彼らはとても強い個性を持っています。そうした色々な特徴のある生徒が集まることで、切磋琢磨しあえるのがいいですね」と山西学院長が語られるように、早大学院では1年次から中入生と高入生を混合させたクラス編成をとっています。1クラスは中入生10名、高入生30名です。中学部では先取り学習をしておらず、中入生と高入生で進度の差がないため、こうした編成が可能なのです。

　カリキュラムは1年次は共通履修、2年次からはゆるやかに文理別に分かれていきますが、単純に文系・理系という分け方をしていないのがポイントです。

「現代はペーパーテストでは測りきれない力が必要とされる時代です。そこで、文系的な考えをする生徒も、理系的な考えをする生徒も、より幅広い教養を身につけてもらおうと、例えば、理科は物理・化学・生物・地学の4科目すべてを必修とし、文系の生徒も数学Ⅲを学びます。第2外国語を必修にしているのも特色でしょう。ただし、全員が同じ科目を学ぶことは難しいですし、それぞれの学部選択による希望もありますからゆるやかな文理コース制を導入しているのです。」（山西学院長）

　また、主体的に学ぶ姿勢を養うために、「総合的な学習の時間」が活用されています。リサーチ、プレゼンテーションなどを扱う授業を通して、自分の頭で考え、自分の言葉で表現する力を育み、3年次には全員が卒業論文の執筆に取り組みます。

　卒業論文のテーマは各自が自由に設定してよいため、じつに多彩なテーマが並び、そのどれもが仮説・研究・結論という論文の一連の流れをなぞった本格的なものです。文字数は1万2000字以上と定められて

## 施設

普通教室

図書室

AV機器対応の普通教室、全面人工芝となったグラウンド、蔵書12万冊を擁する図書室など充実した施設が整っています。

センターグラウンド

第二体育館メインアリーナ

講堂

いますが、その数を大幅に超えるものも毎年見られるといいます。

　ほかにも、生徒が主体的に取り組むものとして「プロジェクト活動」があります。生徒有志が自主的に立ちあげた「環境プロジェクト」「模擬裁判プロジェクト」など、クラブや委員会の枠を超えた活動を行っています。

## 2つのスーパーハイスクール SSH・SGHの指定を受ける

　2006年度（平成18年度）から5年間、スーパーサイエンスハイスクール（SSH）に指定されていた早大学院は、2011年度（平成23年度）からさらに5年間の継続指定を受けています。

　SSHの活動は、一部を除き、希望すればだれでも参加でき、SS科目の授業やSSH特別講座、ハワイ巡検といった海外研修など、さまざまな活動が用意されています。早稲田大学との連携で、大学の研究室を利用できたり、大学教授による講義を受けられるのも魅力です。「SSHの研究テーマを先輩から引き継いでいる者もいます。そして、先輩たちと大学でも同じ学部で学ぶ、というケースが生まれるのも本校の特徴といえます」と山西学院長。

## 学校行事

学芸発表会

校外活動

学院祭

入学式

体育祭

早稲田大学の大隈記念講堂で行われる入学式をはじめ、年間を通じて多彩な行事が実施されます。日ごろの取り組みを発表する学芸発表会では、研究成果や芸術作品の展示・発表のほか、SSH発表会や卒業論文発表会なども行われています。

　そして、2014年度（平成26年度）からは、スーパーグローバルハイスクール（SGH）にも指定されました。SSHとSGHの両方の指定を受けているのは、全国でも多くはありません。こちらもSSHと同じく、すべての生徒に参加の機会が与えられています。

　早大学院は「多文化共生社会を創造するグローバルリーダーとなる資質の育成」をめざし、これまで、ドイツ、台湾、韓国、フランス、中国、ロシア、オーストラリアの学校などと学術協定を締結することで、充実した留学制度を整えるとともに、多くの留学生を受け入れてきました。また、国際シンポジウムなどの国際交流の場への参加も積極的に推進してきました。こうした活動を礎としながら、今後も新たなプログラムが続々と展開していきます。その一例として、海外フィールドワークや早稲田大学の国際交流プログラムへの参加などがあげられます。

## キャリア教育を充実させる 早稲田大学やOBとの連携

　早稲田大学への進学が約束されているため、キャリア教育の面でも高大一貫教育が充実しています。例えば早稲田大学のグローバルエデュケーションセンターの設置科目には、高校生にも開放されている講義があり、希望者は放課後に聴講可能です。そのほか、学部進学説明会をはじめ、早稲田大学キャンパスでの学部モデル講義、早大学院で行われる大学教員による授業など、多彩なプログラムが実施されています。

OBとのつながりも深く、早大学院出身の学部生・大学院生との懇談会も設けられています。さらに、3年次の進路講演会では、OBにそれぞれの職業について講演をしてもらいます。さまざまな職業に就いているOBを毎年15名ほど招くそうですが、あらゆる職業をOBだけで網羅できる点からも、早大学院のOBたちが社会の幅広い分野で活躍していることがわかります。

このような大学の学問に触れる機会や、OBたちとかかわる機会を通して、生徒たちは将来に対するイメージをふくらませ、進みたい学部を決定していきます。

最後に、早稲田大学高等学院ではどのような生徒を待っているのか、山西学院長に伺いました。

「本校は入試を経ずに大学へ進学できます。受験ではなく別の形で自分を鍛えようという意思を持っている生徒が来てくれたら嬉しいですね。勉強に限らず、スポーツ、国際交流など、興味のあるものならなんでもいいですし、1つのことに深くかかわっても、複数のことに少しずつかかわってもいいと思います。さまざまなことに挑戦できる環境は整っていると思いますので、そのなかから自分に合ったものを探して、取り組んでいってほしいです。」

## 学校生活

生徒たちは、クラブ活動はもちろん、国際交流やプロジェクト活動など、さまざまな活動にもチャレンジし、充実した学校生活を送っています。

SSH

国際交流

環境プロジェクト

モデル講義

ラグビー部

理科部生物班

軟式野球部

画像提供：早稲田大学高等学院

**2015年3月卒業生の早稲田大学進学状況**

| 学部名 | 進学者数 | 学部名 | 進学者数 |
|---|---|---|---|
| 政治経済学部 | 110 | 創造理工学部 | 56 |
| 法学部 | 85 | 先進理工学部 | 59 |
| 文化構想学部 | 22 | 社会科学部 | 30 |
| 文学部 | 13 | 人間科学部 | 0 |
| 教育学部 | 17 | スポーツ科学部 | 2 |
| 商学部 | 45 | 国際教養学部 | 15 |
| 基幹理工学部 | 50 | 計 | 504 |

*School Data*

所在地　東京都練馬区上石神井3-31-1
アクセス　西武新宿線「上石神井駅」徒歩7分
生徒数　男子のみ1495名
TEL　03-5991-4151
URL　http://www.waseda.jp/gakuin/koukou/

3学期制　週6日制
月～金6限、土4限
50分授業　1学年12クラス
1クラス40名

No.205 School Navi

共学校　茨城県　牛久市

# 東洋《とうよう》大学《だいがく》附属《ふぞく》牛久《うしく》高等学校

**School Data**

- 所在地　茨城県牛久市柏田町1360-2
- 生徒数　男子849名、女子834名
- TEL　029-872-0350
- URL　http://www.toyo.ac.jp/site/ushiku/
- アクセス　JR常磐線「牛久駅」徒歩20分、茨城県内各方面からスクールバスあり

## 創立50周年を迎え 進化を続ける学校

11学部・44学科を有する総合大学、東洋大。その附属校である東洋大学附属牛久高等学校（以下、東洋大牛久）では、2014年（平成26年）に迎えた創立50周年を機に、さまざまな改革が実施されています。

例えば、これまでの50分授業を45分授業へと、6時限授業を7時限授業へと変更しました。また、隔週で導入していた土曜日の授業を毎週導入し、完全週6日制とすることで、豊富な授業時間数を確保しました。

さらに新しい校舎も完成し、学習環境も快適なものとなりました。「エコスクール」をコンセプトとする新校舎は、環境に配慮した工夫が随所に見られ、太陽光発電システムを利用した環境教育も行われています。

コースは、難関大学の合格をめざし、高い学力が身につく授業を展開する「特別進学コース」、東洋大や他大学への進学を見据えて基礎学力を定着させながら、課外活動にも存分に打ち込むことができる「進学コース」、スポーツで全国大会をめざす生徒が集まる「スポーツコース」の3つで、どのコースでも生徒の希望をかなえるためのサポート体制が整っています。

そんな東洋大牛久では、東洋大の創立者・井上円了の「諸学の基礎は哲学にあり」という建学の精神に基づき、高1で「哲学」の授業を設定しています。生徒たちは、哲学の歴史や哲学者の思想について学ぶことで、あらゆることに対する考えを深めていくのです。

### 充実の一途をたどるグローバル教育

東洋大牛久では、近年、東日本復興支援を目的とした「キズナ強化プロジェクト」を通じて国際交流を行ったり、新たにオーストラリア語学研修を開始したりと、グローバル教育に力を入れてきました。その教育が実を結び、2014年度（平成26年度）から、スーパーグローバルハイスクール（SGH）アソシエイト校に指定されています。

そして、目標に掲げた「日本人としてのアイデンティティーをもったグローバル人材の育成」を達成するため、「グローバル探究」という学校独自の教科を設置し、「哲学」・「教養」・「国際理解」・「キャリア」・「課題研究」の5科目について学んでいきます。そのほかにも、「環太平洋諸国の研究」をはじめとする集中講座の開講など、さまざまな教育の展開が予定されています。

2015年度（平成27年度）からは東洋大学附属牛久中学校も併設され、今後も進化が期待される学校です。

No.206 School Navi

女子校　東京都　世田谷区

# 下北沢成徳《しもきたざわせいとく》高等学校

**School Data**

| | |
|---|---|
| 所在地 | 東京都世田谷区代田6-12-39 |
| 生徒数 | 女子のみ300名 |
| TEL | 03-3468-1551 |
| URL | http://www.shimokitazawa-seitoku.ed.jp/ |
| アクセス | 小田急線・京王井の頭線「下北沢駅」徒歩4分、東急田園都市線「三軒茶屋駅」・地下鉄丸ノ内線「中野坂上駅」バス |

## 世界へはばたき 社会貢献できる女性へ

明るく伸びのびとした校風の下北沢成徳高等学校。学業だけでなく部活動にも積極的に取り組み、とくにバレーボール部は全日本選手を輩出するなどめざましい活躍をみせています。

「教育の最終目的は世界平和に貢献すること」を理念として、「自立的な意思決定者として今後の国際社会で活躍する女性を育てること」をめざし日々の指導にあたっています。

### 独自のクォーター制 国際理解教育に注力

下北沢成徳の教育において最も特徴的なのが1年を3カ月ずつ4期に分ける「クォーター制」です。各期の間には短い休みが設けられているので、3カ月ごとにリフレッシュしながら学習に臨むことができます。クォーター制に加え週6日授業を行うことで、3年間で公立高校の4年間ぶんに相当する授業日数を確保しています。十分な授業日数のなかで先取り教育を行い、3年次の6月までに高校の教育課程を修了し、7月からは受験に向けた対策講座が実施されます。

また、特進・進学・国際の3つのコースが設置されています。

「特進コース」は、難関大学への進学をめざすコースで、国公立大受験に対応したカリキュラムが組まれています。定期的に模試を実施し、その結果を分析することで確実に学力を伸ばします。

「進学コース」は、6つの系列からなる「特別講座」を設置し、3年間でしっかりと生徒の可能性を引き出し、幅広い進路に対応します。

「国際コース」は、語学力とともに国際感覚を養うコースです。1年次の担任はネイティブスピーカーの教員が務めます。英語以外の授業を英語で実施するイマージョン教育があり、TOEIC講座もあります。英語に加えて第2外国語として中国語またはフランス語も学習します。

国際コースを設置していることからもわかるように、下北沢成徳は国際理解教育に力を入れています。

修学旅行ではオーストラリアを訪れ、ファームステイやシドニーにある姉妹校と交流します。語学力を磨きながら現地の文化に触れられる魅力的な内容です。

アメリカにある学校とも姉妹校提携を結んでおり、日ごろから生徒同士が文通をして親交を深めています。

また、希望者を対象とした3週間のホームステイ研修や3カ月・1年間の留学プログラムも用意されています。

独自の「クォーター制」と実体験を重視した国際理解教育により、国際社会の一員として活躍し世界平和に貢献できる女性を育てる下北沢成徳高等学校です。

FOCUS ON
公立高校

神奈川県立 共学校

# 湘《しょう》 南《なん》高等学校

## 学習・行事・部活動に全力投球
## 「文武両道」を実践する伝統校

時乗《ときのり》 洋昭《ひろあき》 校長先生

School Data

**所在地**
神奈川県藤沢市鵠沼神明5-6-10

**アクセス**
小田急線「藤沢本町駅」徒歩7分

**TEL**
0466-26-4151

**生徒数**
男子656名、女子431名

**URL**
http://www.shonan-h.pen-kanagawa.ed.jp/

- 2学期制 
- 週5日制
- 月・火・木5時限
  水・金4時限
- 70分授業
- 1学年9クラス
- 1クラス40名

学力向上進学重点校のアドバンス校に指定されている神奈川県立湘南高等学校。神奈川県公立高校トップの進学校として躍進しています。充実した日々の授業に加え、海外研修旅行も始まり、今後ますます注目が集まることでしょう。

### 最も困難な道に挑戦し 世界で活躍する人材へ

神奈川を代表する進学校として名声が高い神奈川県立湘南高等学校（以下、湘南）。校門にそびえる2本の楠が湘南のシンボルです。湘南は、1921年（大正10年）に神奈川県立湘南中学校として開校された90年以上の歴史ある学校です。

初代校長の赤木愛太郎先生は27年間校長を務め、「日本一の学校」をめざして現在の湘南の礎を作られました。学習面だけではなく、身体の鍛錬や人格の陶冶の必要性を唱えたその精神は、「文武両道」の校風として現在も受け継がれています。

湘南は、「高い進学意欲を持つ生徒の希望進路を必ず実現する」「社会のリーダーとして世界で活躍できる人物を育てる」の2つを掲げ、日々の指導にあたっています。そして、「最も困難な道に挑戦する」を合言葉としています。

時乗洋昭校長先生は「合言葉は第20代校長の川井陽一先生が提唱されたAlways do what you are afraid to do! という英文を意訳したものです。困難な道というのは、本校の校風である『文武両道』につながります。学習・学校行事・部活動に全力を尽くすということは大変ですが、それに挑戦し、苦しいなかで新しい価値を生み出していく、生徒にはそういった力を身につけてほしいと考えています。つらくて少し弱気になったとき、気持ちを奮い立たせられるような合言葉です」と話されました。

### 70分授業と3年次の受験に直結した時間割で学力を伸ばす

湘南は2学期制で、時間割は2週間を1サイクルとして、受験に使う科目と実技系の科目の配置に工夫するなど、全人教育を通して難関大学の受験に十分対応できる学力をつけています。1時限は70分で密度の濃い授業が展開されています。教員オリジナルのテキストも多く使われ、日々の授業の充実に努めています。

授業でしっかりと学び、自学自習に励みながら確実に学力を伸ばしていく、その成果を小テストや定期テストではかり、もし知識の定着が不十分である場合は定着するまで追試を行う、というのが湘南の学びのスタイルです。

カリキュラムは、1・2年次は共通履修で学び、3年次に選択科目が用意され、その科目によってHRクラスとは別にレッスン用のクラスが

## 施設

多目的ホール

セミナーハウス

体育館

図書館

蔵書数約６万冊の図書館や冷暖房が完備され部活動の合宿にも使用できるセミナーハウスなど、施設が充実しています。

編成され、進路別にコース分けがなされます。
「私は『文理不分離』、つまり文系も理系も根っこのところでは分かれていないと考えています。文学であっても突き詰めていけば理系的な部分とつながることもあるでしょうし、数学であっても究めていけばどこかで哲学的な部分も出てくるでしょう。生徒が将来世界で活躍していくためには、さまざまな場面で豊かな発想力が求められます。発想には知識が不可欠です。文系の知識が欠落していれば理系の発想しか、理系の知識が不足していれば文系に偏った発想しか出てきません。ですから、本校は2年次まで共通履修として、生徒には幅広く学ばせています。」（時乗校長先生）

3年次の時間割が前期と後期で変更されるのも特徴です。基礎的な部分は前期で終え、後期からは演習の授業に切り替えて、大学入試に直結した実践的な内容に取り組みます。

夏季休暇中には、希望者を対象に「夏季講習」が行われます。応用的・発展的な内容で、なかには「血を吐くまで微積分」といった教員の熱意が伝わってくるユニークな講座名のものもあります。

また、キャリア教育としては卒業生から話を聞く「土曜講座」や裁判所や大使館などを訪れ生徒の視野を広げる「サマースペシャル講座」が実施されています。

## アドバンス校指定により新たに始まった研修旅行

湘南は学力向上進学重点校に指定されています。２０１３年度（平成25年度）からはさらに学力向上進学重点校全体のけん引役である「アドバンス校」に指定され、よりいっそう充実した教育に取り組んでいます。その一貫として、国際社会で活躍できるタフなリーダーを育てるために、２０１３年（平成25年）から海外研修旅行が始められました。

対象は1・2年生40名で、3月に10泊11日で実施しています。大学の講義を聴講したり、課題に対して英語で議論をするなど、現地の大学生と交流する魅力的な内容です。第1回はアメリカのハーバード大とマサチューセッツ工科大、第2回はイギリスのケンブリッジ大とオックスフォード大を訪れました。3回目となる２０１５年（平成27年）は、アメリカのクリアモントカレッジとカリフォルニア工科大を訪問します。

この研修旅行は同窓会である湘友会の支援を受けて始められました。湘南の卒業生には、国内をはじめ、ノーベル賞を受賞した根岸英一氏のように海外で活躍している方々も多くいます。研修旅行が刺激となり、海外の大学へ進学を希望する生徒も出ています。今後ますます世界を舞台に「最も困難な道に挑戦する」生徒が輩出されることでしょう。

### 体育祭

体育祭は1年で最も盛りあがる行事です。騎馬戦やムカデ競争などの競技に加え、仮装ダンスも行われます。仮装ダンスは湘南の名物となっており、衣装も小道具も手作り、振り付けも生徒のオリジナルです。

### 文化祭

展示やステージ発表など、文化部が日ごろの活動の成果を披露する文化祭。運動部に所属している生徒は実行委員として文化祭を裏で支えたり、有志で劇を発表したりします。

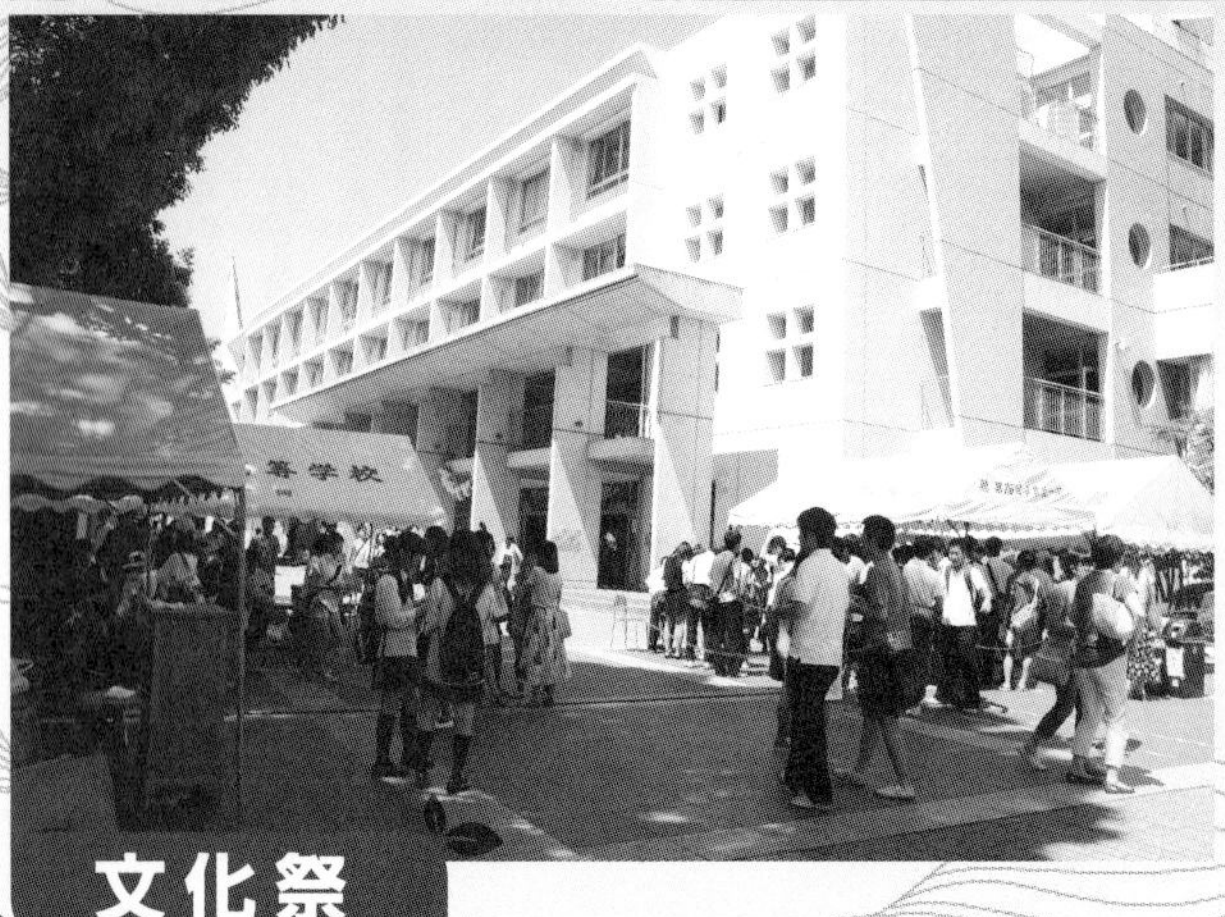

## 学校生活

学習・学校行事・部活動のすべてに全力で取り組み充実した学校生活を送る湘南生。仲間と切磋琢磨しながら、高い学力と総合的な人間力を身につけていきます。

対組競技

土曜講座

スキー教室

修学旅行

卒業生による進路講演会

合唱コンクール

部活動

駅伝大会

## 湘南ならではの「対組競技」 9割を超える入部率

充実した教育が用意されている恵まれた環境のなか、生徒たちは着実に学力を伸ばしています。その一方で行事・部活動にも全力で取り組むのが湘南生です。

多彩な行事のなかでとくに特徴的なのが「対組競技」です。4月の陸上記録会から始まり、バレーボールや卓球、水泳、そして11月の駅伝大会など、半年間かけて行うクラス対抗の競技をまとめて「対組競技」と呼んでいます。おもに昼休みや放課後を使って行われ、各競技で点数を競い、総合得点により優勝を決めます。1年生も入学当初から一生懸命行事に取り組むことで、だんだんと湘南生になっていくのです。

部活動への参加率は9割を超え、兼部をしている生徒も多くいます。普段から文武両道に励んでいる湘南生は、長期休暇の合宿でも夜に勉強タイムを設け学習に励みます。合宿には卒業生の先輩が参加し、部の指導に加え学習指導も行います。難関大学へ進んだ先輩から受験や大学での学びについて話を聞くことが、生徒たちの意識を高めています。

このように合言葉である「最も困難な道に挑戦する」を文字通り実践している神奈川県立湘南高等学校。最後に時乗校長先生から中学生のみなさんへメッセージをいただきました。

「湘南生は、仲間とともに青春の汗を流し、最も困難な道に挑戦するなかで、タフなリーダーとして求められる、『意思力』と『不屈の行動力』を磨いています。そのために、中学生のみなさんは、受験に必要な科目だけでなく、色々なことに興味を持ち、さまざまな体験をしてください。また、本を読みじっくりと物事を考える経験を積んでください。そして、これらの経験を通して、自分で物事を決めることができる判断力を身につけてください。」（時乗校長先生）

**2014年度（平成26年度）大学合格実績**（ ）内は既卒

| 大学名 | 合格者 | 大学名 | 合格者 |
|---|---|---|---|
| 国公立大学 | | 私立大学 | |
| 北海道大 | 5(3) | 早稲田大 | 155(56) |
| 東北大 | 6(3) | 慶應義塾大 | 86(41) |
| 筑波大 | 3(1) | 上智大 | 37(9) |
| 千葉大 | 4(2) | 東京理科大 | 60(28) |
| 東京大 | 17(7) | 青山学院大 | 38(14) |
| 東京医科歯科大 | 2(2) | 中央大 | 64(33) |
| 東京外語大 | 4(0) | 法政大 | 58(34) |
| 東京工大 | 7(3) | 明治大 | 156(77) |
| 一橋大 | 14(4) | 立教大 | 53(29) |
| 横浜国立大 | 29(9) | 国際基督教大 | 5(0) |
| 京都大 | 11(7) | 学習院大 | 4(3) |
| その他国公立大 | 48(24) | その他私立大 | 260(146) |
| 計 | 150(65) | 計 | 976(470) |

# 和田式教育的指導

**高校受験では、志望校を公立校にするか私立校にするかで受験勉強の内容が違ってきます。しかし、どちらの場合も、いずれは大学進学をめざすことになります。そのことを忘れずに、高校受験のための勉強であっても、大学受験へつながることを意識して取り組みましょう。**

## 高校受験のその先に控えている大学受験を意識して勉強しよう

今回は、高校受験への姿勢と、中学のときから大学受験を意識することの大切さをお話しします。

### 大学受験を見据えなければ高校受験に意味はない

新学年がスタートしました。新入生のみなさんも、新2年生、新3年生となったみなさんもやる気に満ちている時期だと思います。

中学生のみなさんの目標はまずは高校受験ですね。合格をめざして頑張ることは大事ですが、目先の目標ばかりに気を取られて、その先にあるものを見失うことのないようにしてください。高校受験の先にあるものとは、もちろん、大学受験です。

### 学校の勉強と受験勉強両立させ基礎力をつける

学校の勉強と、高校受験のための勉強は内容が異なる場合があります。合格をめざして勉強に取り組む場合、学校の勉強は受験に必要ないように感じてしまうかもしれません。だからと言って学校の勉強をおろそかにはできませんね。とくに公立校を志望する場合、内申点は重要な要素と

**和田先生のお悩み解決アドバイス**

**Q 学校と塾で教え方が違って困っています**

# Hideki Wada
## 和田秀樹

1960年大阪府生まれ。東京大学医学部卒、東京大学医学部附属病院精神神経科助手、アメリカのカールメニンガー精神医学校国際フェローを経て、現在は川崎幸病院精神科顧問、国際医療福祉大学大学院教授、緑鐵受験指導ゼミナール代表を務める。心理学を児童教育、受験教育に活用し、独自の理論と実践で知られる。著書には『和田式　勉強のやる気をつくる本』(学研教育出版)『中学生の正しい勉強法』(瀬谷出版)『難関校に合格する人の共通点』(共著、東京書籍)など多数。初監督作品の映画「受験のシンデレラ」がモナコ国際映画祭グランプリ受賞。

なります。しかし、内申点重視型の勉強ばかりでは今度は受験対策が厳しくなります。大切なのは、学校の勉強と受験勉強を両立させることです。

両立のコツは、学校の勉強を復習に活用すること。まず、塾の勉強はもちろんですが、自分で家庭学習する場合も、学校の進度よりも先に進むように、先取り学習を心がけます。そうすると、学校の授業は復習として活用できますし、定期テスト対策などもやりやすいでしょう。

学校の勉強にしっかりと取り組み、かつ先取りで受験勉強もする。このように両立することで築きあげられた基礎学力は、高校受験はもちろん、大学受験にも役立ちます。

中高一貫校に通っている生徒は、多くの場合学校で先取り学習が行われています。大学受験のときに、そうした中高一貫校生に遅れをとらないためにも、中学校時代からできる限り学力をつけていくように勉強に励むことが大事なのです。

### 中学の勉強は大学受験の基礎力

「中高一貫校生はそんなに先取りをしているなら、もう大学受験で追いつけないのでは」と不安に思うかもしれませんが、心配ありません。高校受験をした生徒は、受験勉強のおかげで中学範囲の勉強は完璧です。このように基礎学力がしっかりとしている生徒は、高校入学後に大きく伸びる場合が多いのです。

また、高校生向けに、多くの参考書が出版されていますが、どんなにわかりやすく解説されている参考書でも、中学範囲がしっかり身についていることを前提として書かれています。「わかりやすい」と謳った参考書であっても、中学での勉強がきちんとできていなければ、難しく感じてしまうでしょう。

中学生のうちから、「高校受験だけではなく大学受験を見据えて勉強をするんだ」という気持ちを持って受験勉強に臨んでください。

### A どちらの方が自分に合うのか試してみて

学校の先生と塾の先生で、勉強の教え方が違うということはよくあります。学校の先生は、勉強内容だけではなく学習する姿勢のあり方も含めて指導します。一方塾の先生は、生徒が志望校へ合格できるよう受験のことに絞って教えます。例えば、学校の先生はどんな問題でもしっかりと考えて解くように指導することがありますが、塾の先生の場合、実際の入試を想定して難しい問題や時間がかかりそうな問題は切り捨てて、得点しやすい問題をどんどん解くように言う場合もあります。

受験だけに限って言えば、塾の先生のやり方に従った方が得策でしょう。

しかし、内申書に影響しては困りますから、学校の先生に強く反抗するような態度にならないように気をつけましょう。

とはいえ、勉強するうえでどちらのやり方が向いているかは、個人差があるはずです。学校の先生と塾の先生、どちらが自分に合うやり方なのかどうかを試してみたうえで判断することが大事です。

※このページは33ページから読んでください。

残りを読もう。

They were happy to hear that, and Hideo asked her, "Could you tell us the way to the shop?" [ C ]

＝彼らは返事を聞いて喜び、ヒデオがおばあさんに尋ねた、「その店への道を教えてくれませんか？」

She said, "OK. I can take you there. Let's go together." [ D ]

＝彼女は言った、「いいとも。そこに連れてこうね。いっしょに行こう。」

Hideo said, "Thank you very much. You are so kind."

＝ヒデオは言った、「ありがとうございます。あなたはとても親切ですね。」

She smiled and said, "No problem. You are very *lucky. I live next to the bike shop."

＝おばあさんがほほえんで言った、「いいんだよ。あんたは運がいいね。私はバイク屋の隣に住んでいるんだ。」

**問1** 本文中の [ A ] ～ [ D ] のいずれかに，But they didn't know the town well. という1文を補います。どこに補うのが最も適切ですか。[ A ] ～ [ D ] の中から1つ選び，その記号を書きなさい。

入れる文の意味は、

But they didn't know the town well.

＝しかし彼らはその町のことをよく知らなかった。

パンクをどうにかするためにバイク屋を見つけなければならないのだが、隣町のことだから、ヒデオたちは町の地理にも事情にもうとい。

だから、だれか町に詳しい人を見つけなければならない。そうすると、問題文中の、

He said, "Oh no, I can't ride my bike. I have to go to a bike shop." [ B ]

Then, Hideo saw an old woman.

＝彼は、「うわぁ、ぼくのバイクは乗れないよ。バイク屋さんに行かなくっちゃ。」と言った。[ B ]

＝すると、おばあさんがヒデオの目に入った。

この [ B ] に、But they didn't know the town well. を入れると、ドンピシャリだ。

**正解** B

**問4** 本文の内容に関する次の質問の答えとなるように，(　　)に3語の適切な英語を書きなさい。

Question：Why does the old woman know where the bike shop is?

Answer：Because she (　　　　　　　) it.

問い(Question)の文は、

＝なぜ、おばあさんはバイク屋がどこにあるか知っているのか？

答えの文(Answer)は、

＝なぜなら彼女はそれが(　　　　　　　)だからだ。

問題文の最後に、おばあさんの言葉がある。"I live next to the bike shop." これで、問4の解答があっさりわかるだろう。

**正解** lives next to

最後に東京都の問題、といきたかったが、もう紙数が尽きた。残念だが、筆を置こう。

**編集部より**

正尾佐先生に取り上げてもらいたい問題や、受験問題についての質問、意見を、下記の宛先までＦＡＸやメールでお寄せください。

ＦＡＸ：03-5939-6014

Ｅメール：success15@g-ap.com

さて、続いて３月２日の埼玉県だよ。

次の英文を読んで，問１～問４に答えなさい。＊印のついている語句には，本文のあとに〔注〕があります。

Hideo likes *fishing very much. [ A ] Last week, he went fishing with his friends in the river in the next town. They went by bike. On their way to the river, Hideo's *got a flat tire. He said, "Oh no, I can't ride my bike. I have to go to a bike shop." [ B ] Then, Hideo saw an old woman. ①She was (walk) along the street. He asked her, "Excuse me. Is there a bike shop near here? My bike got a flat tire." ②She said, "Yes, it's not (　　) from here." They were happy to hear that, and Hideo asked her, "Could you tell us the way to the shop?" [ C ] She said, "OK. I can take you there. Let's go together." [ D ] Hideo said, "Thank you very much. You are so kind. " She smiled and said, "No problem. You are very *lucky. I live next to the bike shop. "

〔注〕 fishing…魚釣り　　get a flat tire…パンクする
lucky…運のよい

これは、やや長文だから、まず問題文をしっかりと読んでみよう。

Hideo likes *fishing very much. [ A ]
＝ヒデオは魚釣りがとても好きだ。[ A ]
Last week, he went fishing with his friends in the river in the next town.
＝先週、彼は隣町の川に友人たちといっしょに釣りに出かけた。
They went by bike.
＝彼らはバイクで行った。
On their way to the river, Hideo's *got a flat tire.
＝川へ行く途中で、ヒデオのバイクはパンクした。
He said, "Oh no, I can't ride my bike. I have to go to a bike shop." [ B ]
＝彼は、「うわぁ、ぼくのバイクは乗れないよ。バイク屋さんに行かなくっちゃ」と言った。
Then, Hideo saw an old woman.
＝すると、おばあさんがヒデオの目に入った。
①She was (walk) along the street.
ここで問いを解こう。

問２　下線部①について，(walk)を適切な形にして，書きなさい。

walkはもちろん動詞だね。(walk)の直前にwasがある。wasはbe動詞の過去形だ。すぐに、<be+ ～ ing>が頭に浮かぶだろう。そう､進行形だ。下線部①の意味は、＝彼女は通りを歩いていた。

**正解　walking**

問題文の続きを読もう。
He asked her, "Excuse me. Is there a bike shop near here? My bike got a flat tire."
＝彼はおばあさんに尋ねた、「すみません。この近くにバイク屋さんはありますか？　ぼくのバイクがパンクしたんです。」
②She said, "Yes, it's not (　　) from here."
＝彼女は言った、「ええ、バイク屋さんはここから(　　)ないよ。」
下線部に空所がある。問いを見よう。

問３　下線部②について，(　　)にあてはまる最も適切な１語を，次のア～エの中から１つ選び，その記号を書きなさい。

ア far　イ short　ウ different　エ free

「近くにバイク屋がありますか？」と聞いたところ、"Yes"と答えたのだから、バイク屋は近所なのだ。

ところが、"Yes"のあとに"it's not"と、否定文になっている。

itはbike shopをさすのだから、"it's not"＝"bike shop is not"で、バイク屋がないことになってしまう。これはおかしい。

だが、慌てずに文全体を見よう。"it's not (　　) from here." だ。これは、「バイク屋はここから(　　)でない」というのだ。

「近くにバイク屋があるか？」という質問に対して、「はい、バイク屋はここから(　　)でない」という返答なのだから、「近く」＝「ここから(　　)でない」ということになる。つまり「(遠く)でない」ということだ。「遠く」はfarだね。

**正解　ア**

※このページは33ページから読んでください。

**正解** (3) r(eceiv)e

(4)のヒントと例文の意味は、

liked more than others of the same kind
～よりももっと好まれる　同じ種類のほかのもの

Math is my (　　　) subject.
＝数学は私の(　　　)科目だ。

この単語は覚えていない人もいるだろう。「とくに好きな」という意味の形容詞だ。「得意な」と訳すこともある。

**正解** (4) f(avorit)e

次は２月16日に行われた神奈川県。

これも単語力、どれだけ英単語を覚えているかを試す問題だ。

> 次の英文は，日本の学校におけるスミス先生(Ms. Smith)とタダシ(Tadashi)の対話です。対話文中の(ア)～(ウ)の(　　　)の中にそれぞれ適する１語を英語で書きなさい。ただし，答えはそれぞれの(　　　)内に指示された文字で書き始め，一つの_に１文字が入るものとします。
>
> Ms.Smith：What do you want to do in the future? Tell me about your (ア)(d___).
>
> Tadashi：In the future, I want to learn a lot of (イ)(f______) languages and travel to many other countries.
>
> Ms.Smith：Great. It is nice to learn different languages.
>
> Tadashi：Yes. I sometimes write letters in English and send them to my friend in America. It's fun.
>
> Ms.Smith：Do you also get letters from your friend?
>
> Tadashi：Of course, I do. I'm always happy when I (ウ)(r______) letters from my friend. I hope that I will make a lot of friends in other countries and write letters in other languages, too.

問題文を訳しながら、解いてゆこう。

Ms.Smith：What do you want to do in the future? Tell me about your (ア)(d___).

＝スミス先生　「将来、君はなにをしたいの？　君の(d___)を私に教えて。」

「将来したいこと」という意味で、dが頭文字の単語と言えば…。「希望」はhopeで頭文字が違うし…、そう、「夢」dreamだね。

**正解** (ア) dream

Tadashi：In the future, I want to learn a lot of (イ)(f______) languages and travel to many other countries.

＝タダシ　「将来は、ぼくはたくさん(f______)言葉を学んで、多くのよその国へ旅したいんです。」

Ms.Smith：Great. It is nice to learn different languages.

＝スミス先生　「すばらしい。さまざまな言語を学ぶのはすてきだ。」

色々な外国に旅するために、色々な外国の言葉を学びたい、というのだから、(f______)は「外国の・よその」という意味だろう。fから始まるforeignしかない。

**正解** (イ) foreign

Tadashi：Yes. I sometimes write letters in English and send them to my friend in America. It's fun.

＝タダシ　「はい。ぼくはときどき英語で手紙を書いて、アメリカの友だちに送っています。」

Ms.Smith：Do you also get letters from your friend?

＝スミス先生　「君も友だちから手紙をもらっているの？」

Tadashi：Of course, I do. I'm always happy when I (ウ)(r______) letters from my friend. I hope that I will make a lot of friends in other countries and write letters in other languages, too.

＝タダシ　「もちろん、そうです。ぼくは友だちから手紙を(r______)といつも嬉しいんです。ほかの国にも大勢の友だちを作って、ほかの言葉で手紙を書きたいんです。」

アメリカの友人に手紙をsendし、その友人から返事の手紙を(r______)と嬉しい、というのだから、sendの対語《ついご》だ。この語は千葉県の問題でやったばかりだね。そう、receiveだ。

**正解** (ウ) receive

教育評論家 正尾 佐の

# 高校受験指南書

［百壱の巻］

## 入試に出た基礎的な問題2

## 英語

Tasuku Masao

「入試に出た基礎的な問題」の第２弾は英語だ。

今回はすべて今年、2015年に行われた入試問題を使っていく。受験者の数が多いのは、やはり公立校だから、１都３県（東京、神奈川、千葉、埼玉）の公立高校入試問題を見てみよう。

どの都県の入試問題でも、最初の第１問は「放送を聞いて答える問題」（リスニング）なので、その次に来る問題を取り上げる。

では、１都３県のなかで最も早い２月12日に行われた千葉県（前期）の問題から始めよう。

すぐに解説や解答を見ずに、まずは自分の力で考えてみよう。

次の(1)～(4)の英単語を，それぞれのヒントと例文を参考にして完成させなさい。ただし，英単語の□には１文字ずつ入るものとします。なお，例文の（　　）にはその英単語が入ります。

(1)　F□□□□y
ヒント　the day of the week between Thursday and Saturday
例　文　We have no English class on (　　　).

(2)　h□□□□y
ヒント　feeling that you want to eat something
例　文　Joe felt (　　　) because he didn't have breakfast this morning.

(3)　r□□□□□e
ヒント　to get something sent or given to you by someone
例　文　She will (　　　) a letter from George soon.

(4)　f□□□□□□e
ヒント　liked more than others of the same kind
例　文　Math is my (　　　) subject.

(1)のヒントと例文の意味は、

the day of the week between Thursday and Saturday
曜　日　　木曜日と土曜日の間の

We have no English class on (　　　).
＝私たちは（　　　）には英語の授業がない。

これは、ヒントだけでわかるね。木曜日と土曜日の間の曜日は金曜日に決まっている。金曜日は、もちろんFridayだ。

**正解**　(1) F(rida)y

(2)のヒントと例文の意味は、

feeling that you want to eat something
～たいと感じていること　なにか食べ

Joe felt (　　　) because he didn't have breakfast this morning.
＝ジョーは、今朝朝ごはんを食べなかったので、（　　　）感じた。

朝食抜きのジョー君は腹ぺこだろう。空腹を感じているのだから、なにか食べたいと思うのは当然だ。腹が減った、とくればhungryだね。

**正解**　(2) h(ungr)y

(3)のヒントと例文の意味は、

to get something sent or given to you by someone
ものを受け取ること　だれかに送られたりもらったりした

She will (　　　) a letter from George soon.
＝彼女はジョージからの手紙をすぐに（　　　）だろう。

「受け取る」という単語でイニシャルがrだから、答えは決まり、receiveだ。

# 国語

# 東大入試突破への現国の習慣

田中コモンの今月の一言！

**失敗がなければ成長もなし。成功するまで何度もチャレンジ！**

## グレーゾーンに照準！今月のオトナの言い回し「ブレンド」

「コーヒーやお酒などで味や香りをよくするために種類の異なるものをまぜること」を意味する言葉です。

ＮＨＫの朝の連ドラに興味のある皆さんは、ウイスキーをブレンドする主人公をご覧になったかもしれませんね。ウイスキーのブレンドとは、大まかに言えば原酒と原酒をまぜ合わせて味や香りのよいものに仕上げることです。ウイスキーを生かすも殺すもブレンドがすべて、と言われるように非常に重要な作業なんです。

といっても「そこにあるものをまぜるだけなんでしょ?」と簡単に思えるかもしれませんね。でもまぜるだけなら「ブレンド」ではなく「ミックス」でいいのです。元々の英語では、〝ｂｌｅｎｄ〟も〝ｍｉｘ〟も「まぜる」という意味においては似たようなものなのですが、ニュアンスが少し違うといえるでしょう。どう違うのかというと、〝ｍｉｘ〟は「まぜこぜ」で十分なのですが、〝ｂｌｅｎｄ〟は「うまい具合によくまぜる」というニュアンスが込められているのです。

一本のウイスキーをつくるために五十種類の原酒をまぜているものもあるというから驚きです。しかも的確なブレンディングをするためには、数多くの原酒の樽を定期的にテイスティングして味や香りを確かめ、原酒のタイプを振り分けなければなりません。これも非常に地道な作業で、朝ドラでもそのシーンがありました。その上で、この原酒とこの原酒を組み合わせたらこんな味になる、といった計算をしてブレンドしていきます。もちろん味や香りは数字で示すことができないので、この計算は職人の経験やセンスに基づくと言います。

なぜこんな話を持ち出したかといえば、「国語の記述答案の作成」にも通じるところがあるからです！「次の文章を読んで、後の問いに答えなさい」という指示があるのが国語の問題です。記述答案といえども、答は必ず「次の文章」の中に存在します。そもそも答は必ず書いてあるのです。それを見つけてきて書き出すだけ、というと簡単そうですが…「でもそんなに簡単じゃない！」と皆さん思うでしょう。そう、そこにブレンドの秘密があるのです。そこにあるものをまぜて作っただけの記述答案は、まさに「まぜこぜ」のミックスでしかありません。「うまい具合によくまぜ」られた記

**田《た》中《なか》 利《とし》周《かね》先生**

早稲田アカデミー教務企画顧問

東京大学文学部卒。東京大学大学院人文科学研究科修士課程修了。文教委員会委員。現国や日本史などの受験参考書の著作も多数。

述答案こそ、ブレンドされた答案だと言えるのです！

「言いたいことはなんとなく分かりますけど、じゃあ、どうやってブレンドすればいいのですか！ 経験やセンスに基づくって言われても困ります！」おっしゃるとおりです。ここでは二つのヒントを提示したいと思います。

先ず一つ目は「肝を決めること」です。これは朝ドラで、ブレンディングに悩む主人公に、主人公のお父さんが与えたアドバイスでもあります（笑）。書き出す上で「ココだけは外せない！」という記述答案の肝の部分を決めること。細かなニュアンスよりも、一番大事なことは何か？ これを見つけ出すことを最優先するべきなんです。

そして二つ目に「遠くの産地で合わせるほど美味しくなる」です。これは美味しいお味噌汁を作るときのコツなんですが、材料の味噌をブレンドする際に、原料などの種類の違う別の産地の味噌を合わせるとお互いを補い美味しくなるというのです。これと同様に、記述答案も、書き出す箇所を「遠く離れたところ」から見つけ出してブレンドすれば、価値のある答案を作り出すことができるというわけです。肝の部分を外してしまっては元も子もありませんが、肝だけ書き出しても「ただの書き抜き答案」です。そこに価値を加えるのが、遠くから見つけ出してきたブレンドのポイント部分なのです。つまり、文章中の「材料」を使ったブレンドによって、文章中には「そのままのかたち」では存在しなかった新しい文章が創出され、答案に個性化と品質向上？ がもたらされる！ というわけです。

朝ドラの主人公の奥さんも言っています。「大丈夫。最初から最高の答案は出来ないよ。失敗してチャレンジ！ 何回もチャレンジ！」ってね。

## 慇・懃・無・礼?! 今月のオトナの四字熟語

# 「虚心坦懐」

「きょしんたんかい」と読みます。難しい四字熟語ですよね。「先入観を持たない、広く平らな心」を意味し、「そうした心で、ものごとに臨む態度」を表してもいます。先ほどは記述答案作成のテクニックめいたことを書きましたので、ここでは文章読解の際に求められる基本的な態度を示したいと思います。それがこの「虚心坦懐」になるのです。

「次の文章を読んで、後の問いに答えなさい」と命令されて、どこの誰だか知らない人が書いた文章を、皆さんは読まなくてはいけないわけです。自分が読みたいと思って選んだ文章ではありません。自分にとって興味関心のないものを読むというのは…苦痛ですよね。「はやく読み終われ！」とばかりに文字面だけを目で追って、オシマイ。自分に関係のないことには興味を持てないという「自分勝手」な面が、人間には確かにありますから。でも、それはあくまで人間の半面であり、もう半面には、自分以外の人に思いをはせる、人の話に耳を傾ける、他人のことを自分のことのように思う、そうした「共感する」という面があることも事実でしょう。

こうした人間の二面性、自分勝手な面もあれば他者に共感する面もあるという二面性を、「それが人間本来の姿である」として肯定的にとらえたのが、かのジャン＝ジャック・ルソーです。

今回皆さんに知ってもらいたいのは、ルソーの数多い作品のなかでも出色の『エミール』についてです。この中に、「人間が新しい社会を作るためには、アムール・ドゥ・ソワとピチエが大切だ」と書かれています。「それは何語ですか?」という声が聞こえてきそうですが（笑）、フランス語です。日本語に訳しなおしても「自己愛」と「憐憫《れんびん》の情」って、なんだか分かりにくいですね。

人間には利己的で自分がよければそれでいいとする「自分勝手」な面が確かにある。しかし、それはあくまで人間の半面であり、もう半面には、困った人がいれば自分をなげうってでも何とかしてあげたいと思う「他者への共感」の部分がある。ルソーはこの前半の部分をアムール・ド・ソワと呼び、後半の部分をピチエと呼んだのです。そしてこの両方を大事にする人間形成を『エミール』で論じたのでした。

ルソーの研究者でもある東京大学名誉教授の汐見稔幸先生は、「人の喜びは自分の喜びであり、人の悲しみは自分の悲しみであると感じられる、それこそが人間性の基本である」と、これを「共感の論理」と呼び、その活性化を唱えていらっしゃいます。自分を大事にしない人間には、人を大事にする力はありませんし、同時に人の喜びを自分の喜びのように感じる力がないと社会は作れないのです。汐見先生はこうしたルソーの思想を、現代風に継承しなくてはならないともおっしゃいます。

「読解」という行為を通じて身につけるべきは、まさにこの「共感の論理」です。人間にとって人間がどれだけ大切なものなのか。そのことを感じとることができるというのが「共感」なのです。虚心坦懐に人の話に耳を傾けることの重要性を、今一度強調しておきたいと思います。

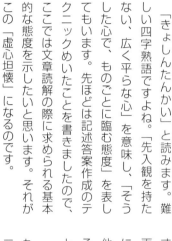

1段目には$\boxed{1}$，2段目には$\boxed{2}\boxed{3}$，3段目には$\boxed{3}\boxed{4}\boxed{5}$のカードを置き，4段目以後も，左から右へ，段の数から順に1ずつ大きくなる自然数が並ぶように，段の数と同じ枚数のカードを置いていく。これを順に20段目まで行った。

| | | | |
|---|---|---|---|
| 1段目 | $\boxed{1}$ | | |
| 2段目 | $\boxed{2}$ | $\boxed{3}$ | |
| 3段目 | $\boxed{3}$ | $\boxed{4}$ | $\boxed{5}$ |
| ⋮ | | ⋮ | |

次の(1)～(4)の問いに答えなさい。

(1) $n$段目の一番右に置かれたカードに書いてある自然数を$n$を使った式で表しなさい。

(2) $\boxed{25}$のカードが初めて置かれたのは何段目かを求めなさい。

(3) 1段目から20段目まで並べたカードのうち，$\boxed{25}$のカードは何枚あるかを求めなさい。

(4) 1段目から20段目まで並べたカードのうち，10枚のカードに同じ自然数が書いてある。その自然数をすべて求めなさい。

（岐阜県・改題）

**<考え方>**

(1) $n$から数えて$n$番目の数は$n+(n-1)$であることに注意しましょう。

(4) カードに書いてある自然数が、奇数の場合と偶数の場合とに分けて考えます。

**<解き方>**

(1) $n$段目は、$n$から$n$個の数が並ぶから、一番右に置かれたカードに書いてある自然数は、

$n+(n-1)=$ **$2n-1$**

(2) $n$段目に初めて置かれたとすると、奇数の場合は一番右であるから、(1)より$2n-1=25$が成り立つ。これを解いて、$n=13$より、**13段目**

(3) (2)より、$\boxed{25}$のカードは、13段目から最後に置かれる25段目まで、各段に1枚ずつ置かれる。よって、1段目から20段目までは、全部で$20-13+1=8$より、**8枚**ある。

(4) カードに書いてある自然数をAとし、Aが$n$段目に初めて置かれたとする。

(ア) Aが奇数の場合、$A=2n-1$

① $A \leqq 19$のときは、最後に置かれるのはA段目で、1段目からA段目まで全部で、

$A-n+1=(2n-1)-n+1=n$より、$n$枚置かれる。

よって、$n=10$のとき、$A=2\times10-1=19$

② $A \geqq 21$のときは、最後に置かれるのは20段目で、1段目から20段目まで全部で、

$20-n+1=21-n$(枚)置かれる。

よって、$21-n=10$のとき、$n=11$だから、$A=2\times11-1=21$

(イ) Aが偶数の場合、初めて置かれるのは一番右から2番目だから、$A=2n-2$

③ $A \leqq 20$のときは、最後に置かれるのはA段目で、1段目からA段目まで全部で、

$A-n+1=(2n-2)-n+1=n-1$より、$(n-1)$枚置かれる。

よって、$n-1=10$のとき、$n=11$だから、$A=2\times11-2=20$

④ $A \geqq 22$のときは、②と同様に、$21-n$(枚)置かれる。

$21-n=10$のとき、$n=11$より、$A=2\times11-2=20$となるが、これは$A \geqq 22$の条件と合わないので、$A \geqq 22$のときは解がない。

①～④より、条件を満たすのは、**19，20，21**

**問題1**のように、ある決まりに従って、同じことが繰り返し起こることを「周期性」と言い、数や記号などの並びのなかから繰り返される部分を発見することがポイントになります。また，**問題2**のように、ある決まりに従って規則正しく並んでいる数の列を「数列」といい、初めから数えて$n$番目の数は、$n$を用いた式で表すことができます。

与えられた条件に従い、ある程度書き出して規則を見つけ出すことから始めるとよいでしょう。表などを使って整理すると考えやすくなります。また、約数・倍数などの整数の性質や関数(おもに1次関数)、確率(場合の数)の分野に含まれているものが多いので、これらの分野の基本事項を確認し、まとめておきましょう。

## 数学

# 楽しみmath 数学！DX

## 思考力を磨き 規則性に関する 問題に対応する

登木 隆司先生

早稲田アカデミー　城北ブロック ブロック長
兼 池袋校校長

今月は、規則性に関する問題を学習していきます。

この種の問題は、思考力を試す問題として、しばしば入試に出題されますので、類題の演習を通して考え方や解き方を研究しておくことが大切です。

最初は、うるう年に関する問題です。

**問題１**

次は，先生とＡさんの会話です。これを読んで，下の問いに答えなさい。

先　生「Ａさんの誕生日は3月2日でしたね。」

Ａさん「はい。私は西暦2000年生まれで，今年(2015年)15歳になります。西暦2000年は，うるう年だったと思うのですが，うるう年について教えてください。」

先　生「うるう年は，次のように決められています。」

(Ⅰ)西暦の年数が４で割り切れる年をうるう年とする。

(Ⅱ)ただし，西暦の年数が４で割り切れても，100で割り切れる年はうるう年としない。

(Ⅲ)ただし，西暦の年数が100で割り切れても，400で割り切れる年はうるう年とする。

先　生「うるう年は，２月の日数が１日増えて２月29日までとなり，１年間の日数が366日となります。」

西暦2000年から2015年までに，うるう年は何回あったでしょうか。次のア～エの中から１つ選び，その記号を書きなさい。

（埼玉県・改題）

ア ２回　　イ ３回　　ウ ４回　　エ ５回

**<考え方>**

(Ⅰ)～(Ⅲ)の「決まり」にしたがって、「うるう年」にあたる年を書き出していきます。

**<解き方>**

2000年から2015年までに、４で割り切れる年は2000年、2004年、2008年、2012年の４回ある。このうち、2000年は100で割り切れるが、400でも割り切れるから、うるう年である。よって、西暦2000年から2015年までに、うるう年は４回あるから、正解は**ウ**。

２問目は、整数を並べる問題で、段数とそこに含まれる数の関係を理解することがポイントです。

**問題２**

次の図のように，自然数が書いてあるカードを並べる。

# 英語で話そう！

**川村 宏一先生**
早稲田アカデミー　教務部中学課
上席専門職

朝がちょっぴり苦手な中学３年生のサマンサは、父(マイケル) と母(ローズ)、弟(ダニエル) との４人家族。

ある日の午後、サマンサはお腹がすいたので、ローズになにか食べるものを用意してほしいと頼みました。ところが、ローズはみんなが今朝食べてしまったので、食べるものがないと言います。

４月某日

Samantha：I'm hungry. Can you make a something to eat for me, mom? …①
サマンサ ：お腹がすいたわ。お母さん、(私に)何か食べるものを作ってくれない？

Rose ：Sorry, Samantha. We don't have any foods now. …②
We ate them all this morning.
ローズ：ごめんね、サマンサ。いまは食べるものがまったくないのよ。今朝みんな食べちゃったから。

Samantha：Oh. I'll buy something to eat at the store then. …③
サマンサ ：そうなんだ。じゃあ私がお店でなにか食べるものを買ってくるわ。

Rose ：Really? Thank you.
ローズ：本当？　ありがとう。

今回学習するフレーズ

| | |
|---|---|
| 解説①　make ～ for 人 | 人に～を用意する<br>(ex) She made breakfast for her children.<br>「彼女は子どもたちに朝食を用意した」 |
| 解説②　not ～ any | まったく～ない　少しも～ない<br>(ex) I didn't eat any fruits yesterday.<br>「私は昨日果物をまったく食べなかった」 |
| 解説③　something＋不定詞 | 「～するための」<br>(代)名詞をうしろから修飾する不定詞<br>(ex) I will buy something to drink at the shop.<br>「私はその店でなにか飲むものを買うつもりだ」 |

# 教えてマナビー先生！
# 世界の先端技術

**▶マナビー先生**
日本の某大学院を卒業後海外で研究者として働いていたが、和食が恋しくなり帰国。しかし科学に関する本を読んでいると食事をすることすら忘れてしまうという、自他ともに認める“科学オタク”。

## search 燃料電池自動車

### 水素社会に先駆けて開発されたトヨタ自動車の「MIRAI」

今年は「水素社会元年」と言われている。水素を使った色々な社会システムがスタートする年と言うことだ。それに先駆けて登場したのがトヨタ自動車の「MIRAI」。水素を燃料にして発電する燃料電池自動車だ。

これまでの電気自動車は蓄電した電気を使って走っていた。エンジンで発電したり、家庭のコンセントから得た電気で充電する必要があった。

トヨタ自動車のMIRAI（イメージ）©丸口洋平

燃料電池自動車はこれらとは違って、水素を使って発電した電気を直接使って動く。水の電気分解の実験を覚えていると思う。電気を使って水を水素と酸素に分解したね。燃料電池の仕組みは簡単に言うとその逆、水素（$H^2$）と大気中の酸素（O）の化学反応を起こさせると電気と水（$H^2O$）が発生する。この電気を使って走る仕組みだ。化学反応した結果として水しか発生しないので、二酸化炭素など地球温暖化に影響する物質は出さずクリーンだ。

従来からの電気自動車は充電するのに30分近い時間を必要とする。それに比べて水素を車に充てんする時間は3分ほどで、ガソリン車の給油とほぼ同じだ。一回の充てんで走ることのできる距離も約650kmと、これまでの電気自動車より断然長い。

でも、水素を使う燃料電池自動車に心配事がないわけではない。水の電気分解の実験をしたときに、水素に火をつけて確認したと思う。水素は目に見えないうえ、爆発的に燃焼する気体だ。だから、安全には十分気をつける必要がある。トヨタ自動車では信頼性の高い水素タンクを作り、センサーで水素の漏れを監視し、万が一漏れてもすぐ拡散させ、爆発させない構造になっているそうだ。

地球上には水は大量にあるから電気分解すれば水素を得られるし、廃棄物を処理する過程などでも水素を取り出すことができる。

風車や太陽光発電など再生可能エネルギーで電気を作ることが始まっているけれど、これらの発電方式は発電にむらがあって、本当に必要なときに電気がすぐには得られないという問題点がある。でも、必要以上にできてしまった電気を使って、水を電気分解して水素に変えておけば電気を水素という別な形で貯めておくことができ、必要なときに電気に変えられる。

海外には太陽光発電に適している国が多く、太陽光発電の電気から水素を作れば新しい資源国になれる。トヨタは8000件を超える燃料電池に関する特許を無償で公開することにした。世界中に水素社会を広げていこうということだね。MIRAIという車の名前のように新しい水素を利用した社会が広がる予感が嬉しい。

# みんなの数学広場

TEXT BY かずはじめ
数学を子どもたちに、楽しく、わかりやすく、使ってもらえるように日夜研究している。好きな言葉は、"笑う門には福来る"。

初級～上級までの各問題に生徒たちが答えています。
どの生徒が正しい答えを言っているか当ててみよう。
もちろん、当てずっぽうじゃなく、実際に問題を解いてみてね。

## 問題編

答えは次のページ

### 上級

文字$a$、$b$、$c$が　$abc=1$のとき

$$\frac{a}{a+ab+1}+\frac{b}{b+bc+1}+\frac{c}{c+ca+1}$$ の値は？

ズバリ言うわよ！

2
すぐにわかった！

3
こんなの簡単よ！

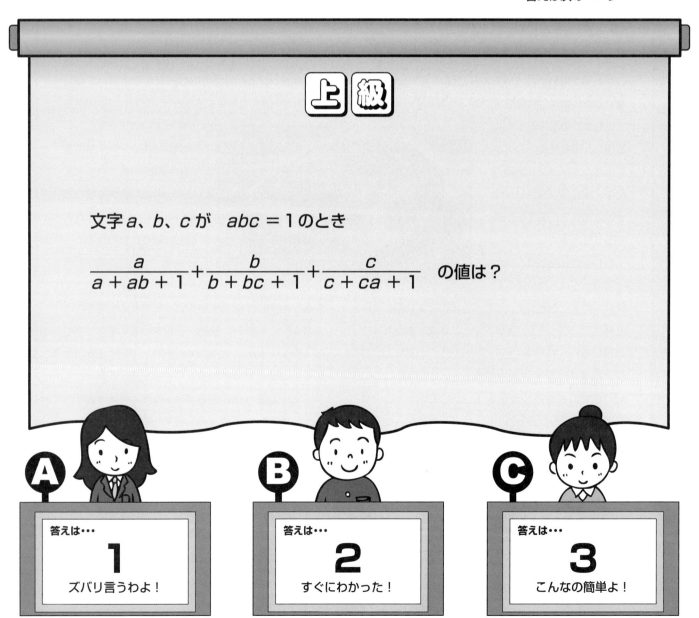

## 中級

$$\frac{1}{1\cdot2}+\frac{1}{2\cdot3}+\frac{1}{3\cdot4}+\cdots\cdots+\frac{1}{10\cdot11}=?\quad \text{のときに}$$

$$\frac{1}{1\cdot2}=\frac{1}{1}-\frac{1}{2}、\frac{1}{2\cdot3}=\frac{1}{2}-\frac{1}{3}、\frac{1}{10\cdot11}=\frac{1}{10}-\frac{1}{11}\quad \text{とできるから}$$

$$\frac{1}{1\cdot2}+\frac{1}{2\cdot3}+\frac{1}{3\cdot4}+\cdots\cdots+\frac{1}{10\cdot11}=\left(\frac{1}{1}-\frac{1}{2}\right)+\left(\frac{1}{2}-\frac{1}{3}\right)+\cdots\cdots\left(\frac{1}{10}-\frac{1}{11}\right)$$

$$=\frac{1}{1}-\frac{1}{11}=\frac{10}{11}\quad \text{と簡単にできます。}$$

$$\text{では、}\frac{1}{1\cdot3}+\frac{1}{2\cdot4}+\frac{1}{3\cdot5}+\frac{1}{4\cdot6}+\frac{1}{5\cdot7}+\frac{1}{6\cdot8}+\frac{1}{7\cdot9}+\frac{1}{8\cdot10}=?$$

**A** 答えは…
$$\frac{9}{10}\quad \frac{1}{1}-\frac{1}{10}\text{だから。}$$

**B** 答えは…
$$\frac{77}{480}\quad \frac{1}{2}\left(\frac{1}{1\cdot3}-\frac{1}{8\cdot10}\right)\text{だね。}$$

**C** 答えは…
$$\frac{29}{45}\quad \frac{1}{2}\left(\frac{1}{1}+\frac{1}{2}-\frac{1}{9}-\frac{1}{10}\right)\text{でしょ。}$$

## 初級

以下の３つの単語のうち、仲間はずれはどれ？

① rhombus　　② trapezoid　　③ rectangle

**A** 答えは…
**①**
別名「diamond」だもん。

**B** 答えは…
**②**
台形はほかとは違うでしょ。

**C** 答えは…
**③**
長方形だから個性がない。

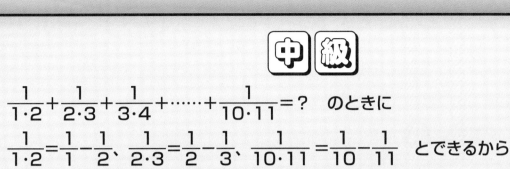

## 上級

正解は A

$abc=1$ なので、$c=\dfrac{1}{ab}$ として $c$ を消去すると

$$\frac{a}{a+ab+1}+\frac{b}{b+bc+1}+\frac{c}{c+ca+1}$$

$$=\frac{a}{a+ab+1}+\frac{b}{b+b\cdot\frac{1}{ab}+1}+\frac{\frac{1}{ab}}{\frac{1}{ab}+\frac{1}{ab}a+1}$$

（2つ目の分数）↓ 分母と分子に $a$ をかける。

（3つ目の分数）↓ 分母と分子に $ab$ をかける。

$$=\frac{a}{a+ab+1}+\frac{ab}{ab+1+a}+\frac{1}{1+a+ab}$$

$$=\frac{a+ab+1}{a+ab+1}=1$$ となります。

しかし、アッサリと $abc=1$ ですから、$a=b=c=1$ とすると

$$\frac{a}{a+ab+1}+\frac{b}{b+bc+1}+\frac{c}{c+ca+1}=\frac{1}{3}+\frac{1}{3}+\frac{1}{3}=1$$

と簡単に求めることもできるんです。

A

正解

B ×

すぐにわかってないですね。

C ×

簡単だったけれども…。

## 中級

正解は **C**

$$\frac{1}{1\cdot 3}=\frac{1}{2}\left(\frac{1}{1}-\frac{1}{3}\right)、\ \frac{1}{3\cdot 5}=\frac{1}{2}\left(\frac{1}{3}-\frac{1}{5}\right)\cdots\cdots$$

これを用いると

$$\frac{1}{1\cdot 3}+\frac{1}{2\cdot 4}+\frac{1}{3\cdot 5}+\frac{1}{4\cdot 6}+\frac{1}{5\cdot 7}+\frac{1}{6\cdot 8}+\frac{1}{7\cdot 9}+\frac{1}{8\cdot 10}$$

$$=\frac{1}{2}\left\{\left(\frac{1}{1}-\frac{1}{3}\right)+\left(\frac{1}{2}-\frac{1}{4}\right)+\left(\frac{1}{3}-\frac{1}{5}\right)+\left(\frac{1}{4}-\frac{1}{6}\right)+\left(\frac{1}{5}-\frac{1}{7}\right)+\left(\frac{1}{6}-\frac{1}{8}\right)\right.$$

$$\left.+\left(\frac{1}{7}-\frac{1}{9}\right)+\left(\frac{1}{8}-\frac{1}{10}\right)\right\}$$

$$=\frac{1}{2}\left(1+\frac{1}{2}-\frac{1}{9}-\frac{1}{10}\right)=\frac{29}{45}$$ となります。

A ×

考えてなさすぎ！

B ×

ちゃんと計算した？

C 正解

## 初級

正解は **B**

①は「ひし形」、別名「diamond」です。②は台形、③は長方形です。

ここで四角形を分類してみると

- 四角形
  - 平行四辺形
    - 長方形
    - ひし形
  - 台形

となり、仲間はずれは② trapezoid ということになります。

A ×

ダイアモンドで
指輪と思った？

B 正解

C ×

個性がないなんて
ヒドイなあ。

# さまざまな活動を通して出会った人々との縁を大切にしたいです

## 東京大学

農学部
農業・資源経済学科　3年

**奥野《おくの》 はるなさん**

### 文科Ⅲ類から農学部へ進学

**――東京大をめざした理由を教えてください。**

「中学生のころは、せっかくなら一番偏差値の高い大学に入りたいという理由で、東京大をめざしていました。その後、高3になって過去問に取り組むようになると、東京大の過去問は、持っている知識を問うだけではなく、勉強の楽しさを教えてくれるような奥深い問題ばかりだということに気づきました。そのような問題を作る大学に入れば、もっと楽しく勉強ができる気がして、東京大に入りたい気持ちが高まりました。」

**――入学当初から農学部志望だったのですか。**

「語学を学ぶのが好きでしたし、国際関係の勉強に興味があったので、おもに人文科学分野について学べる文科Ⅲ類に入学しました。しかし、徐々に国際関係以外のことにも興味がわいてきてしまい、文系だけではなくて、理系の人もいるような、多様な人々がいる環境で勉強したいと思いはじめました。

文科Ⅲ類から進学できる理系の学部は限られていたものの、そのなか

## 中学時代の勉強

### 得意科目は英語と数学

英語はもともと好きだったのもあり、洋楽の歌詞を書き出したり、洋画の台詞を覚えたりしていました。それに加えて、友だちが帰国子女だったので英語でメールや電話をしたりと、よく英語にふれていたのがよかったんだと思います。

数学はとにかく問題をたくさん解きました。私の場合は、色々な問題集を使うのではなくて、1冊の問題集を3周くらい解きました。そして、解けなかった問題は重点的に何度も解くことで、自然と成績が伸び、得意科目になりました。

## 部活動との両立

### 計画の重要性

中高時代は合唱部に所属し、全国大会出場をめざして練習に励んでいたため、効率よく勉強しようと計画を立てていました。とくに、定期試験に向けての勉強は、試験2週間前に学校から配られる計画表を活用し、綿密に計画を練っていました。

通常、合唱部の引退は高2の10月ですが、私は高3の10月まで活動をしていたので、受験勉強との両立も苦労しました。それまでに計画を立てる習慣が身についていたおかげで、まずは計画通りに勉強し、それでも成績が伸びない場合は計画を少しずつ見直していくというふうに、コツ

駒場キャンパス１号館

昨年駒場キャンパス内に完成した、KOMCEE21

から自分の希望に合う農学部の農業・資源経済学科を見つけました。この学科は経済学などの文系分野の学問も交えつつ学習が進んでいくため、文系の人と理系の人が混在している学科だったんです。ここなら色々な考えを持った人に出会えそうだと感じたので、進学を決めました。」

**――これまでに受けた講義でためになったと感じるものはありますか。**

「2年生のときに、『雨月物語』の原本を読んで問題点などをまとめ、プレゼンテーションをするという国文学の講義がありました。中高生時代には与えられた問題に答える力しか身につけてこなかったので、自分で問題点を発見する作業がとても大変でしたが、そのぶん、問題発見能力が養われたと思います。

　1・2年生で履修していた『法と社会と人権』は、拉致問題をはじめとするさまざまな社会問題を取り上げ、その関係者の方々に話を聞きに行ったりと、フィールドワークを重視するゼミでした。実際に話を聞いたり現場に足を運ぶことによって、自らの考えを深めることができたので、とても勉強になりました。

　また、東京大のなかでも歴史のある有名なゼミだからか、意欲的な学生が集まっていて、刺激を受けました。ゼミでいっしょだった学生とはそれぞれ別々の学部に進んでからも仲良くしていますし、フィールドワークを通して出会った社会人の方ともいまでも交流しています。このように、魅力的な人々とたくさん出会えたことも、このゼミを受けてよかったと思う理由です。

　そのほか、英語、韓国語、中国語、スペイン語といった語学の講義もためになりました。」

**――今後、なにかしたいことはありますか。**

「大学生の間に色々なことにチャレンジしたいので、やりたいことが多すぎて時間が足りないくらいです。これまでも海外を1人で旅したり、アメリカの農場で農作業をする大学のプログラムに参加したりしました。今後は、休学して1年間外国に住んでみるのもいいかなと考えています。学生時代にしかできないことに、どんどん挑戦していきたいです。

　卒業後の進路はまだ模索しているところです。これから農業・資源経済学科ならではの講義が本格的に始まるので、その勉強にしっかり取り組みながら、将来のことを真剣に考えていこうと思います。」

## 大学生活エトセトラ

コツとペースを乱すことなく受験を乗り越えることができました。

　いまは週に3回、母校の合唱部でコーチをしています。私たちの代では果たせなかった全国大会出場という目標をぜひかなえてほしいです。

### ダンスサークル

　100名ほど部員がいるストリートダンスサークルの副代表をしています。踊ることが楽しいのはもちろん、ダンスを通して東京大以外の人々と交流する機会も多々あり、そうした出会いも大事にしています。

　普段はそれぞれのジャンルに分かれて、駒場祭などのイベントに向けて練習しています。ジャンルごとにリーダーがいて、振付もリーダーを中心に自分たちで考えます。私もパンキングというジャンルのリーダーになったので、副代表としても、ジャンルリーダーとしても、いままで以上に頑張っていきたいです。

## 受験生へのメッセージ

### 自分に合う勉強法で

　「だれかに言われたから」、「みんながやっているから」という理由だけで勉強するのではなくて、「私はこの分野が苦手だから、ここを重点的に勉強しよう」というように、自分に必要な分野の勉強や、自分に合う勉強法を自分自身で見つけていってください。

Bungou Retsuden

# 古今文豪列伝

第6回

## 芥川龍之介《あくたがわりゅうのすけ》

Ryunosuke Akutagawa

芥川龍之介は1892年（明治25年）、東京生まれ。大正時代を代表する作家だ。

実家の新原家は牛乳業だった。生後7カ月のとき、実母が発狂したのと、実母の家、芥川家に子どもがいなかったことから芥川家に引き取られ、その後養子となった。その母は芥川が11歳のときに亡くなっている。

子どものころは神経質でひ弱だったというが、学校の成績は抜群で東京府立3中（現都立両国中高）に入学、ここでも成績抜群で、日本最難関だった旧制一高（現東京大教養学部）に無試験で入学したんだ。すごいね。

一高の同級生には久米正雄、菊池寛、山本有三、土屋文明などのちに日本の文学界を代表する人々がいて、彼らと刺激しあって文学を志すようになっていく。また、首相になる近衛文磨も同級生だった。

東京大英文科を卒業し、在学中に第3次『新思潮』同人となり、1915年（大正4年）、『羅生門《らしょうもん》』を発表した。『羅生門』は『今昔物語集』から題材をとり、人間のエゴの醜さをあぶり出した作品だ。

翌年には『鼻』を書いて、当時、文壇の最高権威の1人だった夏目漱石に激賞され、本格的にデビューすることになったんだ。

同年、平安時代の下級貴族の皮肉な生き方を描いた『芋粥《いもがゆ》』を発表した。これも『今昔物語集』から題材をとっており、初期には新理知派の代表的作家と目されるようになった。

1924年（大正13年）には『一塊の土』のような写実的な作品も書いている。

1927年（昭和2年）には、『河童《かっぱ》』『西方の人』『歯車』『或阿呆《あるあほう》の一生』など、追い詰められた知識人の不安な心理を描いた作品を相次いで発表した。

しかし、同年7月24日未明、東京・田端の自宅で、大量の睡眠薬を飲んで自殺、社会に大きな衝撃を与えた。

友人への遺書には「将来へのぼんやりとした不安」とあったが、実母の事件があったことから、自分もいずれ同じ道をたどるのではないか、という不安がつきまとっていたともいわれている。

小説以外では『侏儒《しゅじゅ》の言葉』のような随筆も発表し、また高浜虚子に学んだ俳句も一流の域に達していたといわれている。

### 今月の名作 ～芥川龍之介『鼻』～

京都の僧、禅智内供《ぜんちないぐ》は長い鼻を持っており、人々はそれを笑った。自尊心を傷つけられた内供は、薬で鼻を低くするが、人々はさらに笑うように。内供の鼻は、最後は元に戻るが…。人の愚かさをユーモアに包んだ作品。

『羅生門・鼻』
370円＋税
新潮文庫

# あれも日本語 これも日本語

## 「イヌ」にちなむ慣用句

今回はイヌにちなむ慣用句についてみてみよう。

「犬が西向きゃ尾は東」。イヌが西を向いたら、尾が東を向くのは当たり前だよね。そのように当たり前すぎることを指摘した言葉だ。

「犬も歩けば棒に当たる」。江戸時代、江戸の町には六尺棒を持って治安を守る人がいた。イヌでもその辺をふらついていると六尺棒でたたかれる、というのが本来の意味だったけど、最近では思わぬ幸運にあたることをさすように、逆の意味になっている。

「飼い犬に手を噛まれる」は文字通り、飼っているイヌに手を噛まれることで、可愛がっていた相手から裏切られることを言う。とてもショックなことだよね。

「負け犬の遠吠え」は弱いイヌが、相手から遠い場所で吠えて虚勢をはる様子から、自分より強い相手のいないところで威張ったり、悪口を言ったりすることだ。みっともないね。

「犬に論語」は「猫に小判」「豚に真珠」「馬の耳に念仏」などと同じで、価値がわからない者に貴重なものを与えても意味がないこと。

「犬猿の仲」はイヌとサルの仲が悪いことから、とても仲の悪い者同士のことを言う。「A君とB君は会っても口もきかない。犬猿の仲だ」なんて感じかな。

「犬馬《けんば》の労」はイヌやウマが主人に忠節を尽くすことから、上司や目上の人のために、労力を惜しまずに尽くすこと。「あなたが社長になったら、犬馬の労をとらせていただきます」なんてへりくだって使われるよ。

「羊頭狗肉《ようとうくにく》」。「狗」はイヌのこと。正確には「羊頭を掲げて狗肉を売る」。ヒツジの看板を掲げながら、イヌの肉を売るということで、立派なものを売るように宣伝しながら、粗悪なものを売ること。転じて表面と中身が違うことも言う。中国の故事から出た言葉だ。

「狡兎《こうと》死して走狗《そうく》烹《に》らる」。狡兎はすばしっこいウサギ。ウサギ狩りのためにイヌは散々使われたものの、ウサギが捕まったら、用なしになって、烹られて食べられてしまった、という意味。そこから、必要なときは重宝がられながらも、用が済んだらさっさと捨てられてしまうことを言う。悲しいね。これも中国の故事から出た言葉だ。

サクニュー！ ニュースを入手しろ!!

# SUCCESS News

産経新聞編集委員 **大野敏明**

## 今月のキーワード

## ラグビーワールドカップ

2019年に日本で開催されるラグビーワールドカップの開催会場が決まりました。開催会場については、開会式直後の開幕試合と決勝戦は東京の新国立競技場で行うことが決まっていましたが、その他の11会場については未決定でした。このため、ラグビーの国際団体であるワールドラグビー（WR）から委託を受けたW杯リミテッドが、3月初旬にアイルランドの首都、ダブリンで理事会を開き、立候補をしていた日本の15都市から東京を含む12都市を決定しました。

決定した12都市は東京、北海道札幌市、岩手県釜石市、埼玉県熊谷市、神奈川県横浜市、静岡県静岡市、愛知県豊田市、大阪府東大阪市、兵庫県神戸市、福岡県福岡市、大分県大分市、熊本県熊本市です。残念ながら、立候補していた宮城県仙台市と京都府京都市、それに長崎県長崎市は落選してしまいました。

ラグビーワールドカップは1987年（昭和62年）にニュージーランドを主会場、オーストラリアを副会場として第１回大会が開かれ、以後、４年に一度、開かれています。

前回、2011年（平成23年）のニュージーランド大会の視聴者は世界でのべ40億人といわれ、いまやオリンピック、サッカーのFIFAワールドカップと並び世界３大スポーツイベントとして定着しているといわれます。今年は９月にイギリスでイングランド大会として開催されます。

大会は毎回、開催国の10都市ほどを会場にしていますが、今回は日本が粘り強く交渉した結果12都市に会場が増えました。このうち、釜石市はかつての日本ラグビー常勝チーム、新日鉄釜石の本拠地ですし、東大阪市の花園ラグビー場は、高校ラグビーの甲子園ともいわれる会場です。

**↑PHOTO**
ラグビーW杯開催地に決まり、スタジアム建設予定地近くの旅館で行われたパブリックビューイング会場で喜ぶ釜石市民ら（2015年3月2日夜、岩手県釜石市）写真：時事

日本は２回目の立候補で開催を決めましたが、アジアの国が開催国に選ばれたのは今回が初めてです。しかし、課題もあります。それは会場の整備や経費です。大会運営費は約300億円といわれ、WRに支払う大会保証金約177億円も必要になります。新国立競技場は大会開催年の竣工をめざしており、翌年の東京オリンピック・パラリンピックの準備とも並行して行われることになります。

日本大会には20チームが出場、１次リーグを勝ちあがった８チームが決勝トーナメントを戦うことになります。日本は第１回大会から毎回出場していますが、まだ１勝しかしていません。４年後のラグビーワールドカップ、みんなで応援しましょう。

ミステリーハンターQ
（略してMQ）
米テキサス州出身。某有名エジプト学者の弟子。1980年代より気鋭の考古学者として注目されつつあるが本名はだれも知らない。日本の歴史について探る画期的な著書『歴史を掘る』の発刊準備を進めている。
ミステリーハンターQの
歴男歴女養成講座
春日 静
中学1年生。カバンのなかにはつねに、読みかけの歴史小説が入っている根っからの歴女。あこがれは坂本龍馬。特技は年号の暗記のための語呂合わせを作ること。好きな芸能人は福山雅治。
山本 勇
中学3年生。幼稚園のころにテレビの大河ドラマを見て、歴史にはまる。将来は大河ドラマに出たいと思っている。あこがれは織田信長。最近のマイブームは仏像鑑賞。好きな芸能人はみうらじゅん。

# 白鳳文化

**古代の文化を学ぶ第2回目は白鳳《はくほう》文化だ。わずか65年間という短い期間だけど、重要な時代だよ。**

**MQ** 今回は白鳳文化についてみてみよう。

**勇** 白鳳文化って、いつごろ？

**MQ** 645年の乙巳《いっし》の変（大化の改新）ごろから710年の奈良遷都ごろまでの律令国家建設の初期とされている。

**静** 白鳳っていう言葉はその時代の年号のことなの？

**MQ** 672年から685年までの年号とされているけど、正式なものではなく、孝徳天皇の私年号ではないかとも言われている。

**勇** そうなんだ。白鳳文化には、どんな特徴があるの？

**MQ** 白鳳文化は、672年の壬申の乱を境に、前期と後期に分けて考えられている。前期は、前回見た飛《あす》鳥《か》文化の影響がまだ残っているけど、新しい要素もあるんだ。例えば、飛鳥文化と違って、仏像の線が柔らかくなったり、頭部の装飾や身体に豊かな衣をまとうようになったりした。仏像がかぶる宝冠も飛鳥時代の山形宝冠から面が3つある三面宝冠になっていくんだ。

**静** 後期はどんな特徴があるの？

**MQ** 663年に百済が滅んで、多くの亡命者が日本に来たこともあり、百済《くだら》、唐を通じてインドのグプタ朝の影響が現れてくる。奈良の薬師寺の薬師三尊像や聖観音像などに見られる優雅さなどがそれだね。法隆寺の阿弥陀三尊像も白鳳時代の仏像だ。なんと、東京・調布市の深大寺の銅造《どうづくり》釈迦《しゃか》如来《にょらい》倚像《いぞう》も白鳳時代の作なんだ。倚像とは腰掛けている像という意味だよ。

**勇** ぼくは仏像鑑賞が趣味だけど、薬師三尊像は優美で好きだなぁ。仏像以外ではどう？

**MQ** 法隆寺金堂の壁画は有名だね。高松塚古墳、キトラ古墳もこの時代のもので、古墳のなかに描かれている壁画も白鳳文化と言うことができる。

**静** 短い期間だけど、バラエティーに富んでいるのね。

**MQ** 701年には大宝律令が制定され、日本は律令国家として歩み出す。『古事記』の編さんが行われ、漢詩が盛んに作られるようになり、それはのちに『懐風藻《かいふうそう》』として結実する。『万葉集』の中心的な存在として知られる柿本人《かきのもとのひと》麻呂《まろ》や額田王《ぬかたのおおきみ》が活躍したのもこの時代だ。朝鮮半島との関係が希薄になったこともあって、独立国としての体裁が整えられていく時代だ。文化史的には飛鳥時代の後を受け、続く天平《てんぴょう》文化の開花を準備した時代と言えるだろうね。

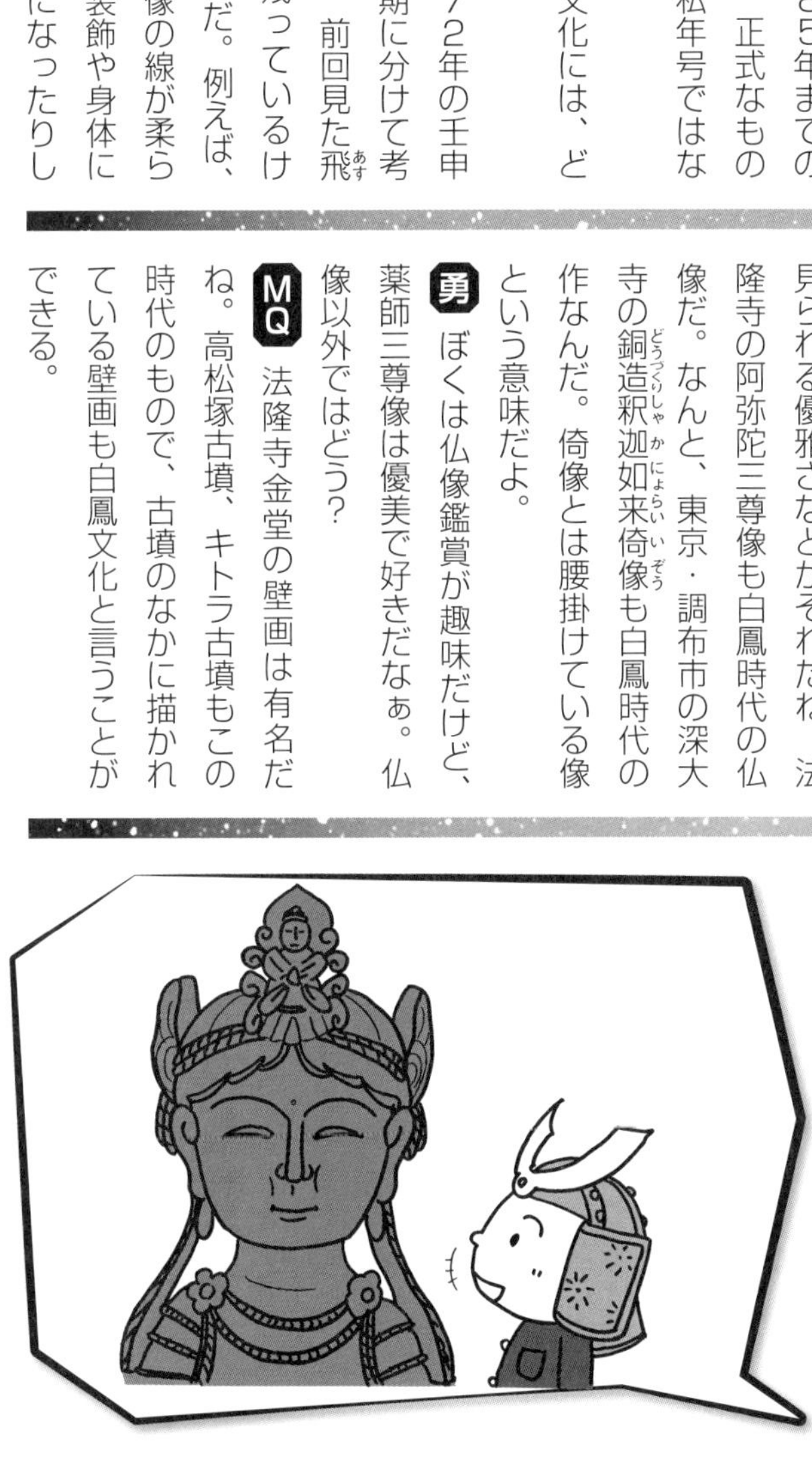

# 事実に対する視点は1つではない

『知ろうとすること』
著／早野 龍五・糸井 重里
刊行／新潮社
価格／430円＋税

## 今月の1冊 『知ろうとすること。』

人気HPの『ほぼ日刊イトイ新聞』(見たことがある人もいるかもしれないね)の主宰でコピーライターの糸井重里は、ある出来事に対して「普段は、科学的に正しいかどうかをそれほど気にしていませんし、科学的じゃない振る舞いをしてしまう自分を、おもしろがってもいます」という。

その例として、振り子をあげる。振り子は止まっている状態から片方に10m引っ張って離した場合、反対側には10m以上はいかない。でも、その先端に刃物を結びつけて同じことをしたら、みんなは反対側の10mちょっとの位置に立っていられるだろうか。

理論的には絶対に届かないけれど、「実際は、平気じゃないですよね。少なくともぼくはできません」と言うように、糸井自身は、「もしもと、科学的にものを考えるタイプの人間ではない」。

そんな彼が「何か騒ぎが起こって、(中略)その騒ぎの中で自分が大切な判断をしなければいけないような事態になったら、必ず科学的に正しい側に立ちたい。それかまず、ぼくの基本的なスタンス」だといい、物事の見方、考え方について、原子物理学者・早野龍五と対談したものをまとめたのが、今回紹介する『知ろうとすること。』だ。

この対談本の大きなテーマは、東日本大震災に伴って起こった福島第一原発事故による被害について、科学的に現状を把握したうえで、冷静に色々なことを考えていこうということ。

とはいっても、難しい内容ではないし、こうしたテーマを通した2人の言葉からは、「ものの見方」はつねに1つではないということが感じられるだろう。

糸井はあとがきで「事実はひとつしかありません。事実はひとつしかないけれど、その事実をどう見るのか、どう読むのかについては幾通りもの視点があります」と語る。

物事に対するショッキングな言い方や見方は広まりやすく、影響を与えやすいけれど、それが本当に正しいのかどうかを、つねに問いかけられる姿勢を身につけたいものだね。

# あたまをよくする健康

ナースでありママであり
いつも元気なFUMIYOが
みなさんを元気にします！

by FUMIYO

今月のテーマ

## 汗

ハロー！　Fumiyoです。やっと春が来ましたね！　暖かくなった季節に合わせて、明るい色合いのファッションが多くなってきました。

しかし、朝晩はまだ冷え込むことも多く、外出する日は洋服のコーディネートで悩んでしまいます。冷えるからといって着込みすぎると、今度は暑くなってジワーっと汗をかいてしまうこともありますよね。これからどんどん暖かくなってくる季節に備えて、汗と上手に付き合う方法を見てみましょう。

汗は、皮膚にある汗腺という場所から分泌される液です。99%が水分で、残りは塩分などのミネラル分やたんぱく質などが含まれています。この汗がどのように作られているのか、みなさんは知っていますか？　じつは血液から作られているのです。

体温が上昇したことを身体がキャッチすると、汗腺は、血液からミネラル分と水分を取り込みます。そのうちミネラル分はもう一度血液中に吸収されますが（再吸収）、水分は汗として皮膚表面に出てきます。そして、身体の表面の熱を奪い、体温を下げる働きをしています。真夏の午後、アスファルトに打ち水をするイメージですね。

一方、汗腺の機能が鈍っていると、ミネラル分の再吸収がうまくいかず、水分といっしょに皮膚表面に出てきてしまいます。つまり、運動不足だったり、エアコンのなかで過ごす時間が長かったりと、汗をかく機会が減っていると、ミネラル分の多いベトベトした汗になりやすくなるのです。このベトベトした汗は、うまく体温を下げることができず、また、皮膚表面はアルカリ性になるため、雑菌が増え、ニオイを発生させてしまいます。打ち水で砂糖水をまいた状態をイメージしてください。

では、ベトベトした汗ではなく、気持ちのよい汗をかくためにはどうしたらよいのか、そのポイントをお教えします。

**①適度な運動を取り入れる。**

ウォーキングや軽いジョギングなど無理のない範囲で身体を動かし、日ごろから汗をかく習慣をつけましょう。

**②身体を温める。**

ショウガなどの身体を温める食品を積極的に食事に取り入れたり、ぬるめのお風呂にゆっくりつかってみるのが効果的です。

**③屋内と屋外の気温差に気をつける。**

暑い季節になり冷房を使うと、部屋のなかの気温と外の気温との差が激しくなります。冷房の温度を下げすぎないよう注意し、外気温との差を少なくしましょう。

**④しっかり水分をとる。**

汗をかいても水分をとらないと脱水症状になってしまいます。適度な水分補給も大切です。

汗は、私たちの身体の体温調節をしてくれるとても大切なものです。汗をかくと、洋服が濡れてしまうし、なんだか気持ち悪いからといって、汗をかかない環境にいるのではなく、積極的に汗を流していきましょう。

でも、濡れたままの洋服を着ていては風邪をひいてしまうかもしれませんから、汗をかきそうなお天気のときは、塾に行くときや遊びに行くときに、着替えをカバンに入れていくのもいいかもしれませんね。

### Q1

**イヌなどのイヌ科の動物には汗腺はほとんどありません。数少ない汗腺はどこにあるでしょう。**

①舌　②鼻　③肉球

**正解は、③の肉球です。**
足の裏側にある肉球から少し汗を出す程度と言われています。また、舌を出して呼吸をすることで体温調節を行っています。

### Q2

**汗腺には2種類あり、その1つはエクリン腺です。もう1つはどれでしょう。**

①アポクリン腺　②ポスクリン腺　③ナノクリン腺

**正解は、①のアポクリン腺です。**
アポクリン腺から出る汗はニオイのもととなるため、遠い昔にはフェロモンの役割を果たしており、子孫繁栄のためになくてはならないものだったようです。

サクセスシネマ
# SUCCESS CINEMA
vol.63

## さぁ、冒険の始まりだ！

### ホビット 思いがけない冒険

2012年／アメリカ・ニュージーランド
監督：ピーター・ジャクソン

『ホビット　思いがけない冒険』
Blu-ray発売中　2,381円＋税
発売元：ワーナー・ホーム・ビデオ


#### 壮大なファンタジーの世界

指輪をめぐる冒険映画『ロード・オブ・ザ・リング』。その60年前を舞台に、ホビットのビルボを主人公とした本作。3部で構成されており、『思いがけない冒険』を第1部に、『竜に奪われた王国』『決戦のゆくえ』と続きます。ここでは、ビルボの旅立ちが描かれた『思いがけない冒険』の章をご紹介しましょう。

冒険の始まりは突然でした。小柄な種族・ホビットのビルボは魔法使い・ガンダルフに旅の誘いを受けます。それは小さいけれども頑強なドワーフ族との旅で、かつて竜に乗っ取られたドワーフの故郷エルボールを奪回することが目的。ビルボは、勢いで仲間に加わることに…。

旅の途中には凶暴なトロルや残忍なオークとの戦いもあり迫力満点！　旅の行方が気になり、エルボール侵入を果たす第2部、壮絶な戦いの結末を描く第3部も観ずにはいられません。魔法使いが出てきたり、竜に決闘を挑むというファンタジーの世界観をたっぷり楽しめる本作。『ロード・オブ・ザ・リング』の物語でカギとなる指輪についても描かれているので、そこにも注目です。

### フック

1991年／アメリカ
監督：スティーブン・スピルバーグ

『フック』
Blu-ray発売中
2,381円＋税
発売・販売元：ソニー・ピクチャーズ エンタテインメント

#### 大人になったピーターパン

永遠に子どもの主人公・ピーターパン、宿敵の海賊・フック船長、可愛らしい妖精・ティンカーベル…ピーターパンの物語を知らない人はいないでしょう。では、そんなピーターパンがもしも大人になっていたら…。

ピーター・バニングは、一男一女の父親であり、仕事に打ち込む40歳のごく普通の男性。しかし、その正体はなんとあのピーターパン！　ある日外出していたバニング夫妻が家に帰ると、子どもたちの姿がなく1通の手紙が…なんと子どもたちはフック船長に誘拐されてしまったのです。さぁ大変、子どもたちを救うためにネバーランドに行かなければ！　となるはずが、じつはピーターに自分がピーターパンだという記憶はないのです。空を飛ぶ、海賊と戦うなんてとんでもない。いったい、どうなるのでしょう。

最初はただのおじさんのピーターにガッカリしてしまいますが、なんだか憎めず、ついつい応援してしまうから不思議。美しい景色と夢がつまったネバーランドの心躍る冒険の世界をみなさんも覗いてみてはいかがでしょう。

### グーニーズ

1985年／アメリカ
監督：リチャード・ドナー

『グーニーズ』
Blu-ray発売中　2,381円＋税
発売元：ワーナー・ホーム・ビデオ


#### ロマンがつまった宝探し

30年前に世界中の子どもたちを魅了した、アドベンチャーストーリーです。

舞台は開発の進む港町。13歳のマイキー少年の家も、立ち退きを迫られていました。一家は借金のかたに家を差し押さえられているので、強い態度で立ち退きを拒否することはできません。そんなとき、マイキーが友だち3人と家の屋根裏部屋で古い地図を発見します。そこには伝説の海賊が隠した財宝のありかが！　宝さえあれば、借金を返済して家を立ち退かずにすむと考えた彼らは宝探しに出発します。

しかしそう簡単に財宝が手に入るはずはありません。さまざまなアクシデントに見舞われ、見ているこちらもハラハラドキドキ。しかし、それも冒険の醍醐味。知恵と勇気を持った彼らの奮闘ぶりは、じつに痛快です。子ども時代にこんな冒険ができたら！　と思わずにはいられません。30年も前の作品ですが、その魅力はいまなお色褪《あ》せず、宝探しというロマンあふれる旅へと誘ってくれます。

2014年には、続編の制作も発表されており、こちらも楽しみです。

# なんとなく得した気分になる話

生徒　先生

身の回りにある、知っていると
勉強の役に立つかもしれない知識をお届け!!

## このすごさ、実感できる？

先生、なんの写真を見てるの？　どこかの山？

これはね、箱根の山を走る箱根登山鉄道の出山の鉄橋だ。

あっ、山のなかに小さく鉄橋が写ってる。この鉄橋を走っている赤い電車が箱根…。

「箱根登山鉄道」だ。

登山鉄道っていうことは、山を登っているの？

まあ、そんな感じだね。それも、車輪とレールの粘着力だけで、だよ。

車輪とレールの粘着力だけって、車輪にシールとかついているの？

いや、なにもついていない。車輪とレールの摩擦力だけかなあ。

どのくらい登っていくの？

確か、「箱根湯本」という駅から「強羅」という駅までの標高差が約440mぐらいあったと思うんだけど…。

実感わかないなあ。

ちょっとしたハイキングコースの山くらいかな？

高尾山はどのくらいの標高？

約600mだ。

じゃあ、その3分の2だね。で、車輪とレールの摩擦力だけって、よく考えると車輪がレールを滑らないってことだよね？　よく滑らないね。

そう、すごいんだよ。レールにしっかり車輪がくっついているだけだからね。だから、水を撒くんだ。

えっ？　水を撒く？

そう、しっかりとレールと車輪がくっついているわけだから摩擦熱が生じるんだ。それを水で冷やすわけ。

へ～、先生は相変わらずよく知ってるね。

まあね、鉄道好きだから。そうだ、君、パーミルって言葉を知っているかい？

なにそれ。知らない。

「パーセント（%）」は？

知ってる。

%は日本語でなんと言う？

百分率でしょ。

そうだ。パーミルは千分率と言って、記号は

‰

と書くんだ。1パーセントが「100分の1」なのに対して、1パーミルは「1000分の1」となる。

それで、そのパーミルが箱根登山鉄道となんの関係があるの？

この箱根登山鉄道は途中に80パーミルの勾配があって、つまり1000m進むことで80mあがるんだ。言い換えると1m進むと8cmあがるってこと。この勾配は、自力で登る電車では日本最大なんだ。

実感わかないなあ…。

うーん。実際、箱根登山鉄道の電車は、通常2両もしくは3両編成で、3両編成の場合、先頭から一番後ろまでが約45mくらいあるから、80パーミルをあがる3両編成の先頭と一番後ろの高低差は大体3.6mになるんだよ。遠くからこの電車を見るとやや斜めに見える感じかなあ。こんなふうになる電車は日本でただ1つなんだ。

へー。すごいって感じてきたよ。ところで、結局、その鉄橋の写真はどこがすごいの？

1923年の関東大震災のときに、箱根登山鉄道のレールは曲がったりしてかなり大きな被害があったんだけど、この鉄橋は破損が少なかったというチョー優れものなんだ。

ホント、先生はよく知ってるよね。

まあね。でもまだ箱根登山鉄道のすごいところがあるんだぞ。

もういいよ。

線路のカーブが半径30mという小ささの場所があるんだ。すごいだろ！

もう、ほんとに実感わかない…。

グローバル教育出版の本

**新刊案内**

「先生を育て学校を伸ばす」ベテランが教える

# 生徒を育て、人を育て、そして、自分を育てる 先生のための本

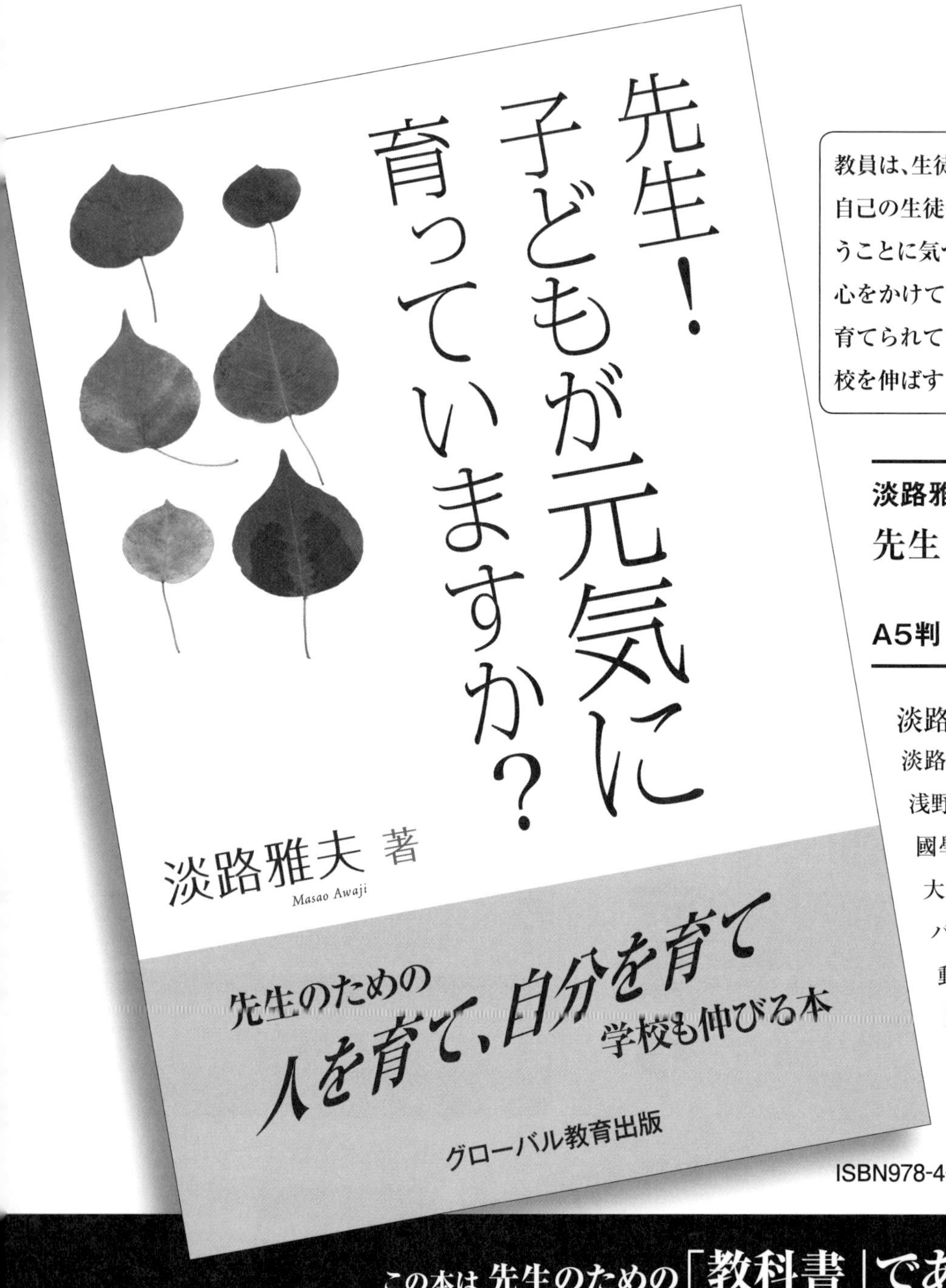


**学校が伸びる**

教員は、生徒に向ける関心こそが、自己の生徒指導の方法を磨いていくのだということに気づくべきです。生徒に「目をかけ、心をかけて」育てていくことで、教員自身も育てられているのです。それがひいては、学校を伸ばすことにつながります……著者

**淡路雅夫 著**

先生！子どもが元気に
育っていますか？

**A5判　160ページ　1,500円＋税**

淡路雅夫（あわじ・まさお）
淡路子育て支援教育研究所主宰。私立浅野中学・高等学校の前校長。現在は、國學院大學教職特別講師、関東学院大学非常勤講師、東邦大学教職アドバイザーなどを務め、講演・執筆活動を通して私学支援を行う。専門分野は子どもの教育・福祉を中心とした家族・親子問題。

ISBN978-4-86512-058-5

**この本は 先生のための「教科書」であり「強化書」である**

森上教育研究所 所長 森上展安

http://www.g-ap.com

グローバル教育出版　〒101-0047 東京都千代田区内神田2-4-2 グローバルビル　電話 03-3253-5944　Fax 03-3253-5945

# 高校受験 ここが知りたい Q&A

## Q Question
## 自分の部屋で勉強していてもなかなか集中できません。

勉強しようという気持ちはあるのですが、どうも自分の部屋では集中できない気がします。そういう場合、どうしたらいいのでしょうか。自分の部屋のほかに、勉強するのに適した場所ってありますか？

（練馬区・中2・YS）

## A Answer
## 自宅のリビングや図書館など勉強できる場所は色々とあります。

自宅の部屋で勉強していても落ち着かなかったり、集中できないという人は意外に多いと思います。そういう人は、勉強に必要でないものが部屋にたくさんありませんか。例えばゲームやマンガ、趣味のものなど。こうしたものが近くにあると気が散ってしまい勉強の妨げになるため、ほかの場所に移したり、目につかないところに収納することも必要でしょう。

また、自宅のリビングやダイニングのテーブルを活用している人もいます。ほかの家族がいることで、かえって集中できるようです。ダラダラと勉強するのではなく、夕食前の１時間、というように時間を区切って学習するのがオススメです。

自宅以外で勉強に適した場所としては図書館があげられます。学校の図書室や地域の図書館に行ってみると、自分と同じような受験生が一生懸命に勉強している姿を目にして、やる気が出てくることもあるでしょう。また、通っている塾に早めに行き、授業が開始される前までの時間に空き教室で勉強することで、合格を勝ち取ったという例もあります。

このほかにも勉強に適した場所はあると思いますので、自分に合う場所を探してみるのもいいですね。大切なのはどこで勉強するかより、どれだけ集中して取り組めるかです。勉強に対するモチベーションを維持することも重視してみてください。

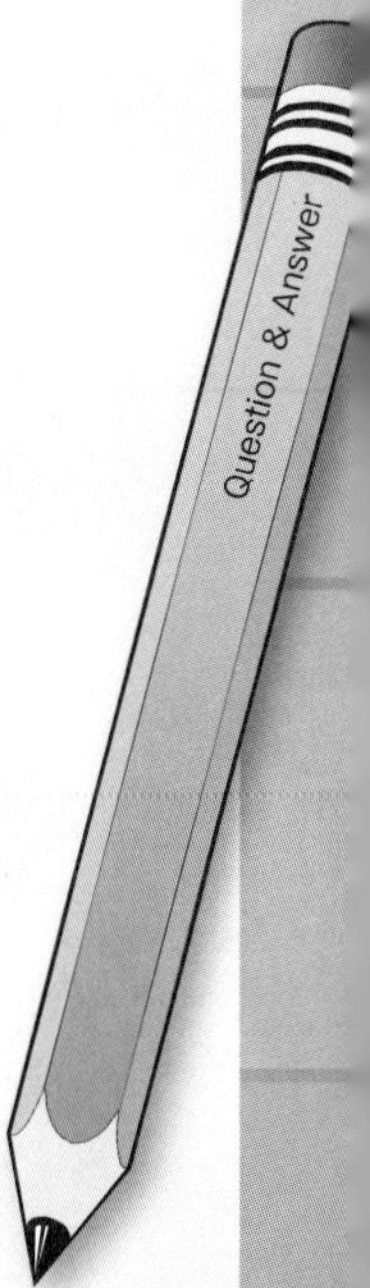

# Success Ranking

## 東京大合格者数ランキング

今月号は2015年度東京大前期入試結果から、高校別に東大へ何名合格したかをランキングにして紹介しよう（３月12日現在、数字は既卒者含む）。今年は公立校があまりランクインしなかった。第１位は今年も開成で、176人が合格している。

### 東大合格者数（前期）全国

| 順位 | 学校名 | 人数 |
|---|---|---|
| 1 | **○開成（東京）** | 176 |
| 2 | ◆筑波大附属駒場（東京） | 104 |
| 3 | ○灘（兵庫） | 89 |
| 4 | ○麻布（東京） | 80 |
| 5 | ○駒場東邦（東京） | 79 |
| 6 | ○桜蔭（東京） | 72 |
| 7 | ○聖光学院（神奈川） | 70 |
| 8 | ○渋谷教育学園幕張（千葉） | 54 |
| 8 | ◆東京学芸大附属（東京） | 54 |
| 8 | ○海城（東京） | 54 |
| 11 | ○栄光学園（神奈川） | 43 |
| 12 | ○浅野（神奈川） | 39 |
| 13 | ○久留米大附設（福岡） | 36 |
| 14 | ◇都立日比谷（東京） | 35 |
| 15 | ○渋谷教育学園渋谷（東京） | 32 |
| 16 | ○東大寺学園（奈良） | 30 |
| 17 | ○豊島岡女子学園（東京） | 29 |
| 18 | ○武蔵（東京） | 27 |
| 18 | ○早稲田（東京） | 27 |
| 18 | ◇県立富山中部（富山） | 27 |
| 18 | ○東海（愛知） | 27 |
| 18 | ○西大和学園（奈良） | 27 |

### 東大合格者数（前期）首都圏

| 順位 | 学校名 | 人数 |
|---|---|---|
| 1 | **○開成（東京）** | 176 |
| 2 | ◆筑波大附属駒場（東京） | 104 |
| 3 | ○麻布（東京） | 80 |
| 4 | ○駒場東邦（東京） | 79 |
| 5 | ○桜蔭（東京） | 72 |
| 6 | ○聖光学院（神奈川） | 70 |
| 7 | ○渋谷教育学園幕張（千葉） | 54 |
| 7 | ◆東京学芸大附属（東京） | 54 |
| 7 | ○海城（東京） | 54 |
| 10 | ○栄光学園（神奈川） | 43 |
| 11 | ○浅野（神奈川） | 39 |
| 12 | ◇都立日比谷（東京） | 35 |
| 13 | ○渋谷教育学園渋谷（東京） | 32 |
| 14 | ○豊島岡女子学園（東京） | 29 |
| 15 | ○武蔵（東京） | 27 |
| 15 | ○早稲田（東京） | 27 |
| 17 | ◇県立浦和（埼玉） | 25 |
| 17 | ○女子学院（東京） | 25 |
| 19 | ◇県立千葉（千葉） | 22 |
| 20 | ◇都立西（東京） | 20 |
| 20 | ○攻玉社（東京） | 20 |
| 20 | ○巣鴨（東京） | 20 |

※◆国立、◇公立、○私立

# 受験情報



## 埼玉

### 2016年度公立高校入試は3月2日

埼玉県の公立高校、2016年度入試日程は以下のとおり。

◇**入学願書等提出期間**
2月19日（金）、22日（月）

◇**志願先変更期間**
2月24日（水）、25日（木）

◇**学力検査**　3月2日（水）

◇**実技検査、面接**　3月3日（木）

◇**合格発表**　3月10日（木）

※埼玉県の公立高校入試は、2011年度までは前期・後期に分かれ、2回チャンスがあったが、現在は一本化され受検は1回の入試となっている。日程的には以前よりも遅くなり3月に検査が行われる。これは首都圏では最も遅い日程。

3月3日の実技検査・面接については、実技は芸術系学科のある学校、面接は一部の学校で行われる。

## 千葉

### 2016年度公立高校前期選抜は2月9日・10日

千葉県の公立高校、2016年度入試日程は以下のとおり。

■**前期選抜**

◇**入学願書等提出期間**
2月1日（月）、2月2日（火）

◇**学力検査**　2月9日（火）、10日（水）

◇**合格発表**　2月17日（水）

■**後期選抜**

◇**入学願書等提出期間**
2月22日（月）、23日（火）

◇**志願先変更期間**
2月24日（水）、25日（木）

◇**学力検査**　2月29日（月）

◇**合格発表**　3月4日（金）

※千葉県の公立高校入試は、2016年度から、専門学科と総合学科（普通科から改編した学校を除く）の前期選抜枠、また、地域連携アクティブスクールの一期入学者選抜枠の上限がそれぞれ100%となる。

このため、これらの学科等については、前期選抜によって募集定員が満たされた場合は後期選抜は実施されない。

※東京都立、神奈川公立の入試日程は5月に発表予定。

# 15歳の考現学

## これから高校をめざす君たちが心にとめておいてほしいこと


**森上《もりがみ》 展安《のぶやす》**

森上教育研究所所長。1953年、岡山県生まれ。早稲田大学卒業。進学塾経営などを経て、1987年に「森上教育研究所」を設立。「受験」をキーワードに幅広く教育問題を扱う。 近著に『教育時論』（英潮社）や『入りやすくてお得な学校』『中学受験図鑑』（ともにダイヤモンド社）などがある。教育相談、講演会も実施している。

HP：http://www.morigami.co.jp

Email：morigami@pp.iij4u.or.jp


### 高校からの進学校について東大合格実績を検証すると

東大前期入試の合格発表がありました。この発表では、東大が以前は氏名を公表していたために、この号の週刊誌は、本人のみならず、一族一党が購入するので大変な売れ行き、と言われていました。いまは各高校が在校生はもちろん、卒業生の進路も含めて把握し、学校間の実績を誇る場に変化しましたが、新聞・週刊誌の売れない現代にあって、とても売れ行きがよい、と聞きます。

いつの時代になっても、人々が学校に対して選抜機能を期待しているからで、健全なことだと思います。

その結果を見て、例年の傾向である「中高一貫校優位」がどうなったかを押さえてみたいと思います、というのも高校入試を行っている進学校の実績を押さえたいからです。

合格者の多い順に首都圏の高校で、高校入試をしている学校を見ていきます（以下は『週刊朝日』3月20日号によります）

トップの**開成**は、例年並みの実績に復調、１７６名合格、これに**筑波大附属駒場**が１０４名で続きます。次は54名の**渋谷教育学園幕張**、同じく54名の**東京学芸大附属**、35名の**日比谷**、そして29名の**豊島岡女子学園**、**県立浦和**の25名、**土浦第一**の23名、**県立千葉**の22名、**西**、**巣鴨**の20名、**湘南**の19名、**筑波大附属**、**横浜翠嵐**の16名、**県立船橋**、**市川**の12名…となります。いずれも現浪合わせた数字で、かつ、中高一貫校では高入生との合算ですから、高入生だけの数字はわかりません。

もちろん、都立・県立の上位の数字だけは、高入生しかいませんから、日比谷35名、県立浦和25名、土浦第一23名は、すべて高校だけの実績です。県立千葉だけは中高一貫生との混合なので分けられません。

そうすると、各々の卒業生対比の合格率は、日比谷５・４％、県立浦和３・３％、土浦第一４・４％といったパフォーマンスになります。

公立中高一貫校もひと桁の数字ですがコンスタントに毎年実績を出していますので、こちらでも高入生実績は幾分かはあるはずで、まったくゼロではありませんね。

こうした結果を見ると高校入試の優秀者は、各都県の公立トップ校に、おのずから集まっている、と言えるでしょう。

なにしろ実績上位校に県下（都下）

ナンバー2の公立高校は見当たりませんし、もとより私立は中高一貫校が大勢を占めているからです。

もっとも共学校の場合、男女別の比率がはっきりとはわかりませんので、ちょっと残念です。

## 共学校の東大進学にみる 女子優秀者躍進の真髄

例えば私立の中高一貫校ですが共学校の**渋谷教育学園渋谷**が、今春は大きく東大実績を伸ばしました。この学校の躍進のなかで女子の存在はほぼ50%を占めるようです。まさに「共学」の進学校として内実を伴っているのです。

首都圏では東大合格は男・女校とりわけ男子校が主流です。

では、そのなかで、「共学校」として渋谷教育学園渋谷が躍進できた理由はなんでしょうか。

半分は女子の貢献です。ではなぜ女子が貢献できたのか、ということがとりわけ重要です。

それがわかれば、高校だけの共学校であっても、今後同校にならって、東大実績を伸ばすことも考えられるのではないか、と思うのです。

以下、そのキーポイントだと筆者が考えるところを記してみました。あくまでも筆者の考えで、真実そうであるかどうか検証できる機会があれば嬉しいと考えています。

すなわちそれは、女子のキャリア教育（進路指導教育）の成果だと思います。つまり、女子は成長が早いので、就業についても、小6女子でもそれなりの考えを持っています。

成績上位層の女子を、わざわざ共学の進学校に入れようというスタンスの保護者に強く見られる共通項は、女子のキャリア志向が強い、ということです。

ここは少し論理が飛躍するところなので、もう少し説明が必要ですね。

以下は筆者の観察ですが、私立の優位的特色である女子校というあり方に、シンパシーを感じる母親がいる一方、とくに企業などで働いている母親たちは、日本の企業社会がまだまだ「男社会」であることを知っています。これは欧米の企業に比べ客観的な事実です。そのことから、やがて企業社会で働くことになる娘も男子のいる学校に行かせて、ジェンダーの違いとその協同性を学ばせておくべきだ、という考えを持っているのです。女子だけの女子校にあえて入れるだけの教育的要請はないのではないか、というわけです。

もっともそう思うのは自身も公立校の出身で、また、大卒であれば大学はほとんど共学ですから、女子校自体を経験しておらず、そもそも女子校という選択肢がもともと考えにくい、という親世代の一般的な事情も手伝っているはずですね。

つまり、こうした親が多数派を占めているところに、共学の進学校として渋谷教育学園渋谷が出現した。それなら優秀な娘を共学校に進学させよう、というキャリアの母親が進路先に同校を選ぶところになる、ということなのではないか、筆者はそう観察しているわけです。

キャリア教育では、あるべき将来像を提示して、早くから自らの進むべき方向を選択させる、ということが、積極的に行われます。

ロールモデル（模範、手本）を提示し、そうした職業選択をするには、どのような資質能力を求められるかを考えさせ、自ら能動的に学習をする強いモチベーションを生じさせるというシナリオを描いています。

キャリア志向の女子の親と本人を預かる学校にとって、これはかなりコアな教育コンテンツといってよいでしょう。その結果としての東大合格であるわけで、目標設定が18歳の大学合格ではなくて、少なくとも22歳の、もしくは25歳の（大学院卒）の進路なのです。そのことが、渋谷教育学園渋谷において、女子の東大実績を伸ばした、と言えるのでは、と筆者は考えるわけです。

逆に言えば、高校から入学する公立トップ校も、私立上位校も、こうしたキャリア教育の充実しているところを選ぶことで、より東大に近づくことができるのでは、と。

神奈川県立は特色化入試といって作文を書かせますが、これも入試を、キャリア教育につなげていこうとする試みといえるものです。

とくに、渋谷教育学園渋谷の場合、文科Ⅲ類合格者も多いようなので、英米のアーツアンドサイエンス（教養）分野に進もうとすれば、東大の文科Ⅲ類は、有力な選択肢になったことでしょうから、近年「人気のない文系」とはひと味違う考え方、取り組み方である様子もうかがえて興味深くもあります。

今後、大学入試が大きく変わろうとする動きのなかで、高校の学びもキャリア教育を強く打ち出してくると思われます。合格実績の背後にあるこうした変化も注意したいところです。

私立INSIDE

# 首都圏私立高校の入試制度を見る

今回は首都4都県の私立高校入試制度をお伝えします。ここ数年、公立高校の入試制度の変更が行われました。なかでも東京都以外の3県では大幅な変更があり、この3県では私立高校も、部分的とはいえ入試制度の変更がなされています。ご兄姉の経験とは異なる部分もあり注意が必要です。

## 東京

### 私立高校の推薦入試は事前相談で合否がわかる

東京都では、都立高校の推薦入試制度の内容が変更されましたが、他県の制度変更のように推薦入試そのものが廃止されてしまうような大きな変更ではなく、私立高校の入試制度にその影響が広がることはありませんでした。

また、いわゆる一般入試と呼ばれている「学力検査に基づく選抜」についても、来春の2016年度入試から、その制度が変更されることになりますが、入試日程はこれまで同様であることから、私立高校の入試に与える影響は、ごく少ないものになります。

さて、東京都の私立高校は、入試日程や選抜方法などを各校が独自に決めています。

したがって入試内容は学校によりさまざまですが、都内の私立高校の入試は大きく分類すると、1月下旬に実施される「推薦入試」と、2月中旬に実施される「一般入試」に分けることができます。

**●推薦入試**

推薦入試は例年1月22日以降に実施されます。

学力試験（筆記試験）は課さず、おもに面接と調査書（内申）によって選抜される入試です。

その私立高校に入りたい生徒が受ける入試で、公立高校も含め、他校との併願はできません（埼玉、千葉の在住生が併願可能なB推薦については後述）。

都内の私立高校推薦入試では、中学校の先生と高校の先生との間で行われる「事前相談」を経てから出願することになります。

事前相談は12月の中旬、各私立高校に中学校の先生が出かけていって相談します。中学校の先生は、自校から当該私立高校を志望している生徒の名簿と内申の一覧を携行し、一人ひとりについて推薦入試を受けることができるかどうか（合格の可能性があるかどうか）を相談するわけです。

この事前相談のベースとなるのが「推薦基準」で、事前に高校側から具体的な数値で示されます。

ほとんどの高校では「内申」を基準数値としています。基準数値は「9教科で○点以上、ただし1がないこと、「9教科で○点以上、そのうち5教科は○点以上」など、各教科5段階評価での合計数値で示されます。

事前相談で推薦基準をクリアしていればほとんど合格という学校が多いのですが、なかには推薦基準は出願のための最低ラインという学校（おもに難関校）もあり、基準数値の意味も学校によって違ってくるので注意が必要です。

また、推薦入試でありながら、受験生の学力を見極めるため「適性検査」を実施する学校も、なかにはあります。この場合の適性検査は、学力試験に近い筆記式で、それなりの対策が必要です。

本来は、学力試験を課さないのが推薦入試なのですから違和感がありますが、学校側では「入学後のクラス分けのための調査目的」と説明しています。

このほか、B推薦と呼ばれる他校（私立・公立）と併願できる推薦制度を持つ学校がありますが、現在は埼玉・千葉在住の生徒が都内私立高校を第2志望とするケースだけが許されており、以前のように都内生や神奈川在住生が受けることはできなくなっています。

このように、ひと言に推薦入試といっても各私立高校でその制度・形態はさまざまですから、よく研究しておきましょう。

### ●一般入試

一般入試は例年2月10日以降に行われ、ほとんどの学校が国語・数学・英語の3教科の学力試験と面接での選抜となります。

出願時に調査書も提出しますが、都立高校のように調査書が点数化はされることはありません。

一般入試では、併願優遇制度と呼ばれる制度を持つ学校があります。これは、公立高校が第1志望で、公立が不合格だったらその私立高校へ入学するという条件で受験する制度です。方法としては学力検査の得点に加算措置をしています。

併願優遇制度を使う場合も、基本的に中学校の先生と高校の先生との事前相談が必要となります。その際も内申基準をベースに相談がなされます。

一般入試では、加算措置のある併願優遇制度を利用して受験した方が有利になります。

志望する高校で、どのような制度が実施されているのかよく調べておく必要があります。

## 埼玉

## ほとんどの学校が1月入試で合格者を決める

埼玉県公立高校の入試制度改編の影響から、私立高校入試でも前期・後期の区分がなくなり、県内私立高校のほとんどが、従来の前期期間である1月入試で選抜を行っています。入試解禁日の1月22日以降、早い時期に入試が実施されるようになっているのです。

この期間に「推薦入試」・「一般入試」ともに行われています。

多くの学校で学校推薦（おもに単願）や自己推薦（単願・併願）制度があり、内申による出願基準が設けられています。

埼玉では、単願・併願入試とも3教科の学力検査を実施する学校が多く、学力重視の選抜になっています。なかには従来の後期期間（2月以降）に入試を設定している学校もありますが、その募集人員は少なく2次募集的です。

埼玉県内の私立高校では、他都県の私立高校で行われる中学校の先生と高校の先生による「事前相談」（東京の項参照）はありません。

受験生・保護者自身が各校の学校説明会や個別相談会で、合格の見通しを聞くことになります。

### ●1月入試

前述の通り、埼玉県の私立高校では、1月入試のなかで推薦入試も一般入試も行われ、どちらにも「単願入試」と「併願入試」があります。

併願入試では、公立1校のみ併願可能な場合と、制限なく私立も併願可能な場合があり、合格後に一時金を納入すれば（不要の高校もあります）、併願校の合格発表まで入学手続きを待ってくれます。また、併願入試だけで受験日を2～4回設定する高校もあります。

推薦入試では、各高校の推薦基準を満たしている生徒が受験することができますが、中学校長の推薦が必要な「学校推薦」と、必要としない「自己推薦」があります。

これらの推薦を受けるために必要なのが「個別相談」です。

前述していますが、埼玉県の私立高校では、他都県のような中学校の先生と私立高校が面談する事前相談を廃止しているため、個別相談が行われています。個別相談は学校説明会（10～12月）と同時に行われることが多く、受験生・保護者は成績表のコピーや模擬試験の結果、英検などの検定資格、表彰状のコピーなどを持参し、直接、合否の見通しを聞きます。

選抜方法は、単願入試、併願入試ともに大半の高校で学力試験が行われます。高校によって、学力試験を重視する場合と、個別相談で示された受験生の成績を重視する場合の2通りがあります。

1月入試では、上記のほかに特待生推薦、文化・スポーツ等特別推薦などを実施する高校もあります。

個別相談が実施されていることから、埼玉私立高校の1月入試は不合格者の少ない入試ともなっています。

**●2月以降入試**

埼玉県の私立高校の2月以降入試は、当日の学力試験によって合否が決まる実力勝負の試験です。しかし、1月入試で募集人員の大部分が決まっていることもあって募集数は少なく、「単願入試」などの名称で公立入試合格発表日（来春は3月10日）以降に実施される入試もあるなど、他都県生向けや2次募集的な入試となっています。

## 千葉

### 前期選抜の期間中に推薦・一般を併行実施

千葉県内の私立高校は1月中旬に前期選抜、2月上旬に後期選抜が実施されますが、公立入試の一本化に伴い埼玉県同様、前期選抜に応募者が集中します。前期選抜期間中に「推薦入試」（単願・併願）だけでなく、「一般入試」も実施されていることもこの傾向に拍車をかけ前期募集のみしか実施しない学校もあるほか、8割以上を前期募集の定員とする学校がほとんどです。

**●前期選抜**

前期選抜は例年1月17日から始まり、推薦入試（単願・併願）と一般入試の両方が行われます。

推薦入試では、学校推薦のほかに自己推薦制度を実施する学校もあります。学校推薦は中学校長の推薦書が必要で、おもに面接と調査書、作文などで選抜されます。

しかし、最近では学校推薦であっても学力試験を実施する学校も増えています。それらの学校では推薦といっても不合格となる場合があります。

学校推薦では、12月中旬に、中学校の先生がその私立高校を受験予定の生徒の成績表を持って私立高校に出向き、1人ひとりの合格の可能性を相談する事前相談があります。

その内容は東京と変わりませんが、入試相談の基準は、あらかじめ私立高校から「単願なら9科○点以上、併願なら○点以上」などと中学校側に通知されていて、その基準をもとに11月に三者面談が行われていますから、学校推薦については、三者面談の段階で大半の私立高校の合否はほぼわかってしまうと言っても過言ではありません。

事前相談の結果は私立高校によってさまざまですが、学校推薦への答えとして「ほぼ合格内定」をしてくれる学校や、入試の点数に「加点してくれる」学校など、いずれにしてもかなり有利に受験できることになります。

前期選抜のうち自己推薦や一般入試では学力試験が実施され、実力勝負の選抜となっています。学力試験を実施する学校は、ほとんどが国語・数学・英語の3教科です。

学校によって入試制度は異なりますが、同じ学校でも科やコースによっては入試内容が異なる場合があります。

また、1月17日と18日の両日に前期募集の試験日を設定する学校が多いため各校の試験日が重複することになります。志望校の入試制度、日程をよく理解しておきましょう。

**●後期選抜**

後期選抜は例年2月5日以降に実施されますが、千葉の私立高校入試は前期選抜が主体となり、後期選抜は規模が小さく2次募集的です。入試は3教科の学力試験と面接で行われる学校がほとんどです。

人気校では、前期選抜で不合格となり後期選抜でリベンジを狙う受験生が集中する場合があり、もともと募集人員が少ない入試となっていることもあり、高倍率になることがあります。

## 神奈川

### 入試日程が短期間なため「書類選考」が増加へ

神奈川県の公立高校は、2013年度入試から前期・後期制を廃して

1本化され、入試日程も2月中旬へと遅くなりました。このため私立高校の入試制度・日程も、その影響を受けて変化しています。神奈川県内の私立高校は各校で入試制度を設けていますが、大きく分類すると、1月下旬に実施される「推薦入試」と、2月中旬に実施される「一般入試」に分けられます。

### ●推薦入試

例年1月22日から始まる、神奈川県内私立高校の推薦入試は学力試験はなく、調査書と面接や作文での選抜となります。推薦入試は第1志望者を対象としており、他の公立・私立高校を併願することができません。

この推薦入試は他都県同様、事前確約型で、願書提出前の12月中旬に、中学校と私立高校の間で「事前相談(入試相談)」が行われ、合格の可能性が高校側より示されます。

その時点で、その高校の推薦基準を上回っていれば合格が内定します。ですから、この事前相談が「事実上の入試選抜」ということになります。この事前相談の機会を逃すと、「成績は足りているから」と、あとから申し出ても、受験が難しくなりますので注意したいところです。

「推薦基準」は、ほとんどの高校では「内申」を基準数値としています。東京や千葉の項でも述べましたが、「9教科で○点以上、ただし1がないこと」、「9教科で○点以上、そのうち5教科は○点以上」などの数値となります。

ただ**慶應義塾**など難関校では、推薦基準の数値は出願のための最低ラインという学校もありますのでよく調べましょう。

なお、2012年度入試まで行われていた「推薦Ⅱ」は、公立高校の前期選抜と併願が可能でしたが、その廃止とともになくなりました。

### ●一般入試

ほとんどの学校が国語・数学・英語の3教科の学力試験と面接での選抜となります。調査書も提出しますが、公立高校のように点数化はされません。

この一般入試のなかで「他の高校を受験しない」ことを条件に、「専願優遇制度」を実施している学校も多くあります。各高校が定めた成績基準をクリアしていれば合格を確約してもらえます。

学力試験は行われますが、基本的には合格が保証されます。専願は「単願」と呼ばれることもあります。

「専願優遇制度」では、推薦入試と同じように中学校の先生と高校の先生との事前相談が必要となります。その際も高校側の成績基準が合格ラインです。

また、出願時に中学校の調査書を必要としない「オープン入試」を実施している学校もあります。オープン入試は、私立・公立ともに併願することが可能で、合格すれば、志望するどちらの高校にも入学できます。

オープン入試は、当日の入試結果(学力試験の得点)のみで合否を決定し、調査書の基準は加味しない制度です。遅刻・欠席が多かったり、1教科が不得手など、調査書では不利な受験生には魅力のある制度です。

また、学力試験のみで選抜しようとする難関校では、オープン入試しか実施しない学校もあります。

さて、一般入試は2月10日から始まります。

この春の場合、公立高校入試が2月16日からでした。つまり、私立高校は入試翌日から5日の間に合格発表をしなければ、受験生が安心して公立高校受検に向かえないという事態となり、当日発表する学校まで出てきました。

そこで存在感を増したのが、「書類選考」入試です。

書類選考入試は事前に志願票、調査書、作文などを提出することのみで合否判定するもので、受験生はその学校に足を運ぶ必要がありません。つまり、一般入試でありながら学力試験などいわゆる入試を受ける必要がないのです。

学校側もあわただしい入試日程のなかで、負担が軽減されることから、多くの学校が採用に動きました。現在の公立入試とのタイトな日程が続くかぎり採用校が増えていくことが考えられます。

もともと書類選考は、**法政二**と**法政女子**が第1志望者向けに始めた制度で、この2校はいまでも推薦入試と変わりのない制度となっています。

神奈川は公立進学志向が強く、公立入試の日までに滑り止め校である私立高校の合格を決定しておきたい受験生心理が強く、各私立高校はその要望に応えた制度・日程を準備する必要があります。

この背景を理解しておけば、一般入試のなかに専願優遇制度があったり、オープン入試や書類選考が制度として出現してくることもうなずけると思います。

# 公立 CLOSE UP

# 2015年度 神奈川県 公立高校入試結果

安田教育研究所 代表 **安田 理**

全日制の平均応募倍率 1.20 倍、平均実倍率 1.18 倍はともに前年と同じで、新制度導入直後には安全志向が強かったものの、横浜翠嵐や湘南をはじめとした難関上位校人気は高い状況が続いています。学科別では、教育のグローバル化が注目されるなか、国際科人気がめだちました。

## 平均実倍率は2年連続で1・18倍

入試機会が一本化されてから３年目の２０１５年度は、５万１４７１人が受検し、４万３２９１人が合格しました。受検後取り消し者３１４人を除いた平均実倍率は1・18倍で前年度と同じでした。

２０１４年度は、５万１９３２人が受検し、４万３８４９人が合格し、受検後取り消しは３９１人。新制度初年度の1・17倍を０・01ポイントだけ上回っていました。

学科別では普通科が初年度1・15倍→1・18倍→1・20倍と2年連続で上昇。一方、専門学科では初年度1・20倍→1・13倍→1・09倍と2年連続で緩和しました。

最も高かったのは単位制普通科専門コースの1・33倍ですが、該当するのは**市立戸塚**の普通科音楽コースのみ。前年度に定員を充たさなかった反動もあるぶん、次年度は減少する可能性が高いでしょう。

前年度まで2年連続でトップの倍率だった単位制専門学科は2位の1・32倍ですが、2年前から毎年0・01ポイントずつ上昇しています。**市立横浜サイエンスフロンティア**（理数科）は前年度に1・67倍から1・46倍に緩和した反動で1・61倍に上昇。**横浜国際**の国際情報科も1・30倍から1・71倍に大きくあげましたが、両校とも次年度は隔年現象で減少することも考えられます。

## 難関校では横浜国際、横浜緑ケ丘、湘南、川和が実倍率トップ４校

**表1**に示した普通科の実倍率上位10校のうち、前年に続いて学力向上進学重点校が7校となりました。最も実倍率が高かったのは**横浜緑ケ丘**の1・69倍。わずか０・01ポイントの差で**湘南**、**川和**が続き、いずれも順位を上げています。

新入試制度スタートから2年連続で最高実倍率だった**横浜翠嵐**は、応募倍率では3年連続トップの2・01倍でした。しかし、不受検者数および受検後取り消し者数が２００人近くいたため、実倍率は1・55倍で前年の1・76倍を下回り、6位でした。

新制度導入2年目の２０１４年度には安全志向が依然として強かったせいか、普通科で実倍率1・50倍以上だったのは横浜翠嵐1校のみでした。しかし、２０１５年度は6校に

増加、新制度が定着し、チャレンジ志向が少し強まったように見えます。

２０１４年度に人口増加に対応して募集数を増やした学力向上進学重点校は、横浜翠嵐、**柏陽**、川和、**光陵**、**希望ケ丘**、横浜国際の６校。このうち、２０１５年度に定員を減らして元に戻したのは川和、希望ケ丘、横浜国際の３校です。

他の３校は増員した定員を維持しましたが、実倍率を見る限り、定員の変化との相関関係はあまり見られませんでした。募集数の増減に左右されず、行きたい高校を受検しようとした生徒の割合が少し増えているようです。

普通科以外では**市立横浜商業**（国際学科）が前年の２・06倍から１・80倍に下がったものの、最も高い実倍率でした。**市立橘**（国際科）１・77倍、横浜国際（国際情報科）１・71倍、**弥栄**（国際科）、**神奈川総合**（普通科国際文化コース）、**横須賀明光**（国際科）など、国際関連学科の人気ぶりがめだちました。

理数系では市立横浜サイエンスフロンティア（理数科）１・61倍が最も高く、前年度ほど複数校での人気は見られませんでした。

**[表1] 2015年度実倍率上位10校（普通科）**

| | | |
|---|---|---|
| 1位 | 横浜緑ケ丘 | 1.69倍 |
| 2位 | 湘南 | 1.68倍 |
| 2位 | 川和 | 1.68倍 |
| 4位 | 光陵 | 1.59倍 |
| 4位 | 多摩 | 1.59倍 |
| 6位 | 横浜翠嵐 | 1.55倍 |
| 7位 | 市立桜丘 | 1.49倍 |
| 8位 | 新城 | 1.46倍 |
| 9位 | 市立戸塚 | 1.44倍 |
| 9位 | 大和 | 1.44倍 |

**[表2] 2015年受検者数最多９校**

| | | |
|---|---|---|
| 1位 | 横浜翠嵐 | 653人 |
| 2位 | 湘南 | 637人 |
| 3位 | 川和 | 556人 |
| 3位 | 市ケ尾 | 556人 |
| 5位 | 新羽 | 483人 |
| 6位 | 大船 | 479人 |
| 7位 | 横浜緑ケ丘 | 476人 |
| 8位 | 市立桜丘 | 475人 |
| 9位 | 麻溝台 | 466人 |

## 受検者数、受検後取消数とも最多だった横浜翠嵐

**表２**の受検者数上位10校では横浜翠嵐がトップを２年連続で維持。前年に増員分を上回る受検生を集め実倍率が上昇した反動で、受検者数は１００人減の６５３人でした。一方、前年には大差がついていた２位の湘南が59人増やし、その差を縮めました。受検後の取り消し者数を差し引いた人数では横浜翠嵐が５６１人になるため、湘南の６０５人が上回り、トップになります。両校は今後も受検者数の多さを競いあうことになるのは間違いないでしょう。

公立高校入試の受検後に合格発表のある難関国私立高校を第１志望にした生徒が、受検後に出願を取り消しますが、今年度はその人数が前年の３９１人から３１４人に減少しました。

最多は横浜翠嵐で、15人減の92人は全体の３割近くになります。２位は湘南ですが、53人から32人に減らしました。続いて市立横浜サイエンスフロンティア、川和13人、**市ケ尾**９人、柏陽、**厚木**７人でした。

入試日程が２月14日から16日になった影響もあってか、横浜翠嵐に集中している以外は分散しています。そのぶん、公立志望の割合が上昇しているということでしょう。

全日制で定員割れをした高校は15校、１０５人でした。前年は７校35人でしたから、大きく上回ったことになります。新制度実施初年度にあたる２年前の23校１８０人にはおよばなかったものの、公立高校でも人気の二極化傾向が強まりました。

## 次年度に向けて

新制度４年目となる２０１６年度入試でも、全体の平均実倍率は大きく変わらない可能性が高いでしょう。

今年度人気だった反動で多少緩和する高校はあっても、難関上位校の応募者数はそう大きく変わらないと思われます。また、減ることがあっても、チャレンジ層が敬遠しただけのことなので、難度が下がるとは考えにくいです。

上位校の場合、やはり大学合格実績が人気を左右する要因になります。今春の東大前期の合格実績を見ると、湘南が16人から19人に増やしました。一方で横浜翠嵐が21人から16人へと減らしましたが、来年度も、湘南はもちろん、横浜翠嵐も高い人気が出るでしょう。柏陽が５人、川和が２人で続いています。

２０１６年度は、中学卒業予定者数が増加する見込みです。公立の募集数は、人口の変動に応じて変化しますから、複数の学校が定員を増加することになります。この２年、学力向上進学重点校を中心に、難関校での増員や増員後の定員維持がめだっています。

しかし、２０１４年度の横浜翠嵐のように、増員校で前年を上回る高実倍率になることもあるので、注意が必要です。

# 高校入試の基礎知識

# 埼玉県公立高校入試はどのように行われるか

このページは、受験生や保護者のみなさんに高校入試の基礎知識を得ていただくコーナーです。まず、知っておかなければならないのが、高校入試はどのように実施されるかということでしょう。今月号では、埼玉県の公立高校ではどのような入試が行われるのかを見ていきます。

## 選抜基準の柱は学力検査と調査書の得点

埼玉県公立高校の入試形態について、その実際を見ていきましょう。

２０１１年度まで、埼玉県の公立高校入試には前期と後期、２回の受検機会がありました。しかし、現在は３月初旬に行われる入試に絞られ、１回勝負の入試となっています。首都４都県で３月に入試（１次募集）を行うところはほかになく、最も遅い公立入試となっています。

これは、早く高校受験を終えた生徒が、授業に身が入らない事態が見られたためと言われています。

さて、来春、２０１６年度の入試日程は、57ページに掲載しました。

来年度の学力検査は３月２日に行われます。志願状況を見て、志願する高校の変更を２回することができます。最初の志願先変更で変更しなかった人が２回目に変更することもできます。また、２回目の変更で最初に志願していた高校に戻すことも可能です。

受検生の合否を決める選抜方法ですが、「学力検査」と「調査書」の二本柱です。

また、面接や実技検査を実施する高校もあります。実技は芸術系・体育系学科のある学校、面接は一部の学校で、各校・各学科（コース等）ごとに選択して実施されます。

面接の方法は、個人面接、集団面接、またはその両方などがあります。実技、面接の詳細は、各高校の募集要項、ホームページなどで確認できます。

**■学力検査**

学力検査は、５教科（国・数・英・社・理）で実施され、英語ではリスニング試験も行われます。試験時間は国・数・英が50分、理・社は40分となっています。

各教科１００点、計５００満点で

**2015年度入試で傾斜配点を実施した10校**

| 高校名 | 学科・コース | 傾斜配点を行った教科 |
|---|---|---|
| 大宮 | 理数 | 数学・理科 |
| 大宮光陵 | 普通：外国語 | 英語 |
| 大宮北 | 理数 | 数学・理科 |
| 南稜 | 外国語 | 英語 |
| 和光国際 | 外国語 | 英語 |
| 坂戸 | 外国語 | 英語 |
| 松山 | 理数 | 数学・理科 |
| 熊谷西 | 理数 | 数学・理科 |
| 越谷南 | 外国語 | 英語 |
| 春日部東 | 人文 | 国語・英語・社会 |

す。そのなかで、学科・コースの特色を活かすため、特定教科の得点を2倍（200点満点）とする「傾斜配点」を行う高校があります。「傾斜配点」を実施する場合は、5教科の満点が600点以上となります。

2015年度の入試で傾斜配点を実施した10校の学科、コースは66ページの表のとおりです

### ■調査書

調査書は、中学3年間の学習状況やその他の活動への取り組みなどがまとめられた、いわば「報告書」です。

調査書の各項目は次の3つのブロックに分けられ、各高校が定めた基準によって点数化されます。そして、それらを合計したものが「調査書の得点の合計」として、選抜の資料になります。

**〈a〉各教科の学習の記録**　1年、2年、3年での5段階評定が合計されます。各学年ごと9教科ですので、各学年の満点は45点です。これに各高校が定めた各学年の比をかけて合計し、点数化します。例えば、1年：2年：3年＝1：2：3の場合は、（45×1＋45×2＋45×3＝）270点満点となります。

**〈b〉特別活動等の記録**　学級活動、生徒会活動、学校行事、その他（部活での大会出場実績など）について、各高校が定める基準に従い、点数化します。

**〈c〉その他の項目**　「総合的な学習の時間の記録」「出欠の記録」「その他、特技、英検・漢検・数検等の資格、スポーツ活動・文化活動・ボランティア活動など」の項目について、各高校が定める基準に従い、点数化します。

### ■実技検査・面接

実技検査、面接は、前述のとおり全校実施ではなく、各高校が学科やコースによって選択し実施します。

芸術系・体育系の学科・コース等では実技検査を実施します。外国語科・コースでは英語によるインタビューなどの実技検査を実施する学校もあります。

実技検査を実施する場合、面接は実施されません。実技検査のなかで受検生の「人となり」も見られていると考えていいでしょう。

ともに各高校が定める基準に従い点数化されます。

## 各高校の「選抜基準」を把握することが重要

傾斜配点の実施、調査書の配点や評価する項目、面接・実技検査の実施や配点などは、各高校によって異なりますので、「選抜基準」として事前に公表される詳細を把握しておきましょう。

選抜での合否は、「学力検査の得点＋調査書の得点（＋面接または実技検査を実施する場合はその得点）」の合計で、得点の高い人から合格が決まります。

また、選抜には第1次選抜、第2次選抜（高校により第3次選抜まで）という段階が設けられ、選抜段階ごとに学力検査・調査書の得点の重みのつけ方に差を設けることができます。

この得点配分は各高校が決めます。それにより、各高校が学力検査と調査書のどちらを重視するかを独自に決めることができるわけです。

**【第1次選抜】**

学力検査と調査書の比率を6：4〜4：6の範囲で各高校が定め、募集定員の60〜80％の合格者を決定します。実技検査や面接を実施する高校は、各高校が定めた点数を加え合格者を決定します。

**【第2次選抜】**

第1次選抜で合格が決まらなかった人を対象に実施。「学力検査点：調査書点」＝「7：3〜3：7」に拡大され、募集定員の20〜40％の合格者を決定します。

**【第3次選抜】**

第2次選抜までに募集定員の100％が決まらなかった場合に実施します。第1次または第2次選抜の合計点が一定以上の受検生を対象に「調査書の特別活動の記録」や「実技検査の得点」「面接の得点」から1つまたは2つ以上の組み合わせを用いて選抜します。

これについても、前述の「選抜基準」で公表されます。

これらの選抜基準は、例年7月ごろから埼玉県教育委員会のホームページで一覧を確認できます。

学力検査の内容ですが、埼玉県立総合教育センターのホームページ→「入試情報」→「入試問題解説」のコーナーに、過去の学力検査問題と解説が掲載されています。

これらの情報を手に入れておけば、夏以降の過去問演習で重宝します。

# 3月号の答えと解説

## 問題 ワードサーチ（単語探し）

リストにある英単語を、下の枠のなかから探し出すパズルです。単語は、例のようにタテ・ヨコ・ナナメの方向に一直線にたどってください。下から上、右から左へと読む場合もあります。また、1つの文字が2回以上使われていることもあります。パズルを楽しみながら、「自然現象」に関する単語を覚えましょう。

最後に、リストのなかにあって、枠のなかにない単語が1つだけありますので、それを答えてください。

【単語リスト】

| | |
|---|---|
| aurora（オーロラ） | mirage（蜃気楼） |
| blizzard（猛吹雪） | monsoon（季節風） |
| breeze（そよ風・微風） | rainbow（虹） |
| cloud（雲） | snow（雪）【例】 |
| comet（彗星） | storm（あらし・暴風雨） |
| earthquake（地震） | thunder（雷・雷鳴） |
| eruption（火山の噴火） | tornado（竜巻） |
| fog（霧） | typhoon（台風） |
| frost（霜） | wind（風） |

| | | | | | | | | | | | |
|---|---|---|---|---|---|---|---|---|---|---|---|
| P | N | O | O | H | T | O | L | C | E | G | M |
| L | D | A | E | C | R | A | F | A | Z | J | O |
| R | B | L | I | Z | Z | A | R | D | E | L | N |
| H | K | Q | G | T | E | T | I | O | E | C | K |
| I | E | C | D | S | H | S | F | N | R | A | B |
| E | X | R | I | Q | Z | U | O | G | B | U | W |
| Y | G | N | U | F | L | O | N | J | H | O | A |
| L | S | A | T | P | H | A | M | D | N | I | W |
| D | K | C | R | P | T | B | I | S | E | G | H |
| E | V | J | Y | I | E | I | T | S | O | R | F |
| M | B | T | D | W | M | R | O | T | S | B | G |
| I | F | I | H | E | O | D | A | N | R | O | T |
| A | D | U | O | L | C | Z | B | K | F | E | D |

## 解答 monsoon

パズルを完成させると下のようになります。

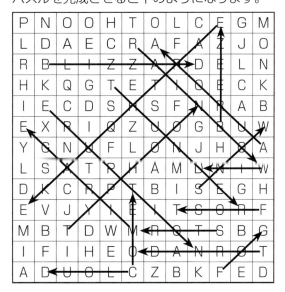

| | | | | | | | | | | | |
|---|---|---|---|---|---|---|---|---|---|---|---|
| P | N | O | O | H | T | O | L | C | E | G | M |
| L | D | A | E | C | R | A | F | A | Z | J | O |
| R | B | L | I | Z | Z | A | R | D | E | L | N |
| H | K | Q | G | T | E | T | I | O | E | C | K |
| I | E | C | D | S | H | S | F | N | R | A | B |
| E | X | R | I | Q | Z | U | O | G | B | U | W |
| Y | G | N | U | F | L | O | N | J | H | O | A |
| L | S | A | T | P | H | A | M | D | N | I | W |
| D | K | C | R | P | T | B | I | S | E | G | H |
| E | V | J | Y | I | E | I | T | S | O | R | F |
| M | B | T | D | W | M | R | O | T | S | B | G |
| I | F | I | H | E | O | D | A | N | R | O | T |
| A | D | U | O | L | C | Z | B | K | F | E | D |

### 解説

「自然現象」に関する熟語や表現をいくつかご紹介します。

**天気予報** weather forecast
**高気圧** high (atmospheric) pressure
**低気圧** low (atmospheric) pressure
**降水確率** rainfall probability
**夕立** evening shower
**吹雪** snow storm
**日(月)食** solar(lunar) eclipse
**満月** full moon
**梅雨・雨季** rainy season
**天気はどうですか。**
What is the weather like ?
**今日はいい天気です。** It's fine today.
**空には、雲ひとつありません。**
There's not a cloud in the sky.
**雨が激しく降っています。**
It's raining hard.
**昨夜地震がありました。** There was (= We had) an earthquake last night.

まだまだたくさんありますが、日常生活で気になったことや疑問に思ったことは、どんどん調べたり、先生に質問したりして英語の力を身につけていきましょう。

# 中学生のための学習パズル

## 今月号の問題

### 漢字クイズの迷路

スタート地点から、漢字クイズの正解を選びながら迷路を進んでください。このとき、クイズの正解がAならば下に、Bならば右に、Cならば上に、Dならば左に進んでください。最後にたどりつく出口は、**あ**～**し**のどこになるでしょうか。

| | スタート | し | さ | |
|---|---|---|---|---|
| | ①「脱退」の反対語は?<br>A 突入<br>B 加入 | ②「こらしめる」の送りがなで正しいのは?<br>A 懲らしめる<br>B 懲しめる<br>C 懲める<br>D 懲る | ③「反旗を翻す」の「翻す」の読みは?<br>A あらわす<br>B くつがえす<br>C そそのかす<br>D ひるがえす | こ |
| あ | ④「月夜に□をぬかれる」この句の□に入るのは?<br>A 釜<br>B 魂<br>C 金<br>D 毛 | ⑤「□石□鳥」「□発□中」□に入る漢数字の合計は?<br>A 4<br>B 23<br>C 104<br>D 203 | ⑥昆虫でないのは?<br>A 蝉<br>B 蜆<br>C 蟻<br>D 虻 | け |
| い | ⑦「□□一転」この四字熟語の□に入るのは?<br>A 心機<br>B 新規<br>C 心気<br>D 新奇 | ⑧樹木でないのは?<br>A 木瓜<br>B 木菟<br>C 木蓮<br>D 木犀 | ⑨「角を矯めて牛を殺す」の「矯めて」の読みは?<br>A しめて<br>B せめて<br>C ためて<br>D とめて | く |
| う | ⑩「一敗地に塗れる」の「塗れる」の読みは?<br>A やぶれる<br>B まみれる<br>C しおれる<br>D つぶれる | ⑪正しい四字熟語は?<br>A 一身同体<br>B 厚顔無知<br>C 衆人環視<br>D 異句同音 | ⑫「藪をつついて□を出す」□に入るのは?<br>A 蚊<br>B 蛇<br>C 鼠<br>D 鳩 | き |
| | え | お | か | |

## 3月号学習パズル当選者

全正解者49名

**小野　未来**さん（千葉県浦安市・中3）

**西坂　大志**さん（千葉県船橋市・中2）

**斉藤　大地**さん（神奈川県横浜市・中2）

## 応募方法

**●必須記入事項**

01　クイズの答え
02　住所
03　氏名（フリガナ）
04　学年
05　年齢
06　右のアンケート解答
73ページの「サクセスイベントスケジュール」で募集している展覧会の招待券をご希望の方は、「○○（展覧会の名前）招待券希望」と明記してください。

◎すべての項目にお答えのうえ、ご応募ください。
◎ハガキ・FAX・e-mailのいずれかでご応募ください。
◎正解者のなかから抽選で3名の方に図書カードをプレゼントいたします。
◎当選者の発表は本誌2015年7月号誌上の予定です。

**●下記のアンケートにお答えください。**

A今月号でおもしろかった記事とその理由
B今後、特集してほしい企画
C今後、取り上げてほしい高校など
Dその他、本誌をお読みになっての感想

**◆応募締切日 2015年5月15日**（当日消印有効）

**◆あて先**

〒101-0047　東京都千代田区内神田2-4-2
グローバル教育出版　サクセス編集室
FAX：03-5939-6014
e-mail:success15@g-ap.com

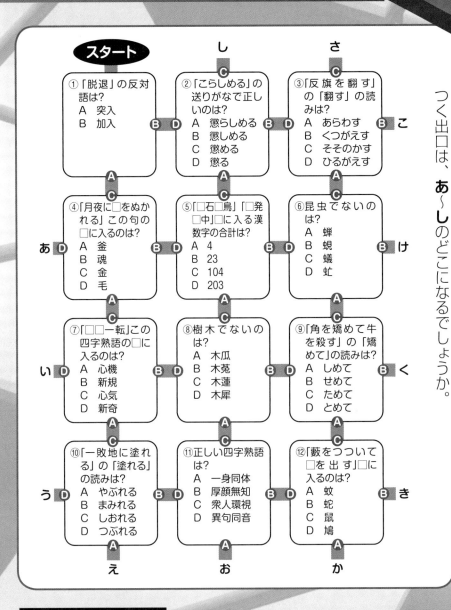

# に挑戦!!

## 東《とう》洋《よう》高等学校

**問題**

右の図のように放物線$y = \frac{1}{2}x^2$のグラフと直線$y = x + 4$のグラフの交点をA，Bとする。ただし点Bの$x$座標よりも点Aの$x$座標の方が小さいとする。このとき，以下の問いに答えよ。

問１　点A，Bの座標をそれぞれ求めよ。

問２　△OABの面積を求めよ。

問３　点Aを通り，△OABの面積を２等分する直線の方程式を求めよ。

問４　△OABを$x$軸の周りに回転してできる立体の体積を求めよ。

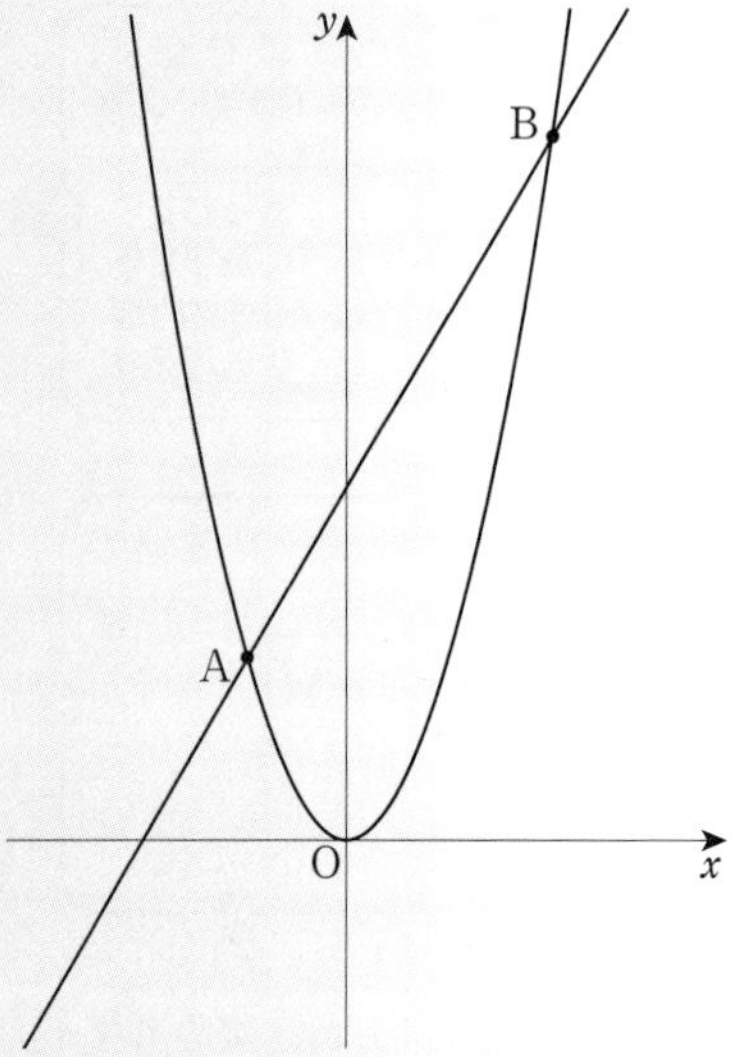


解答　問1. A（−2，2）、B（4，8）　問2. 12　問3. $y=\frac{1}{2}x+3$　問4. $80\pi$

■ 東京都千代田区三崎町1-4-16

■ JR総武線「水道橋駅」徒歩２分、都営三田線「水道橋駅」徒歩３分、都営新宿線ほか「神保町駅」徒歩８分、地下鉄千代田線「新御茶ノ水駅」徒歩10分

■ 03-3291-3824

■ http://www.toyo.ed.jp/


## 明《めい》治《じ》大《だい》学《がく》付《ふ》属《ぞく》明《めい》治《じ》高等学校

**問題**

右の図のように，１辺の長さが４の立方体ABCD-EFGHの辺AB上にBP＝１となる点Pと，辺GH上にGQ＝$x$となる点Qがある。立方体の表面を通って点Pと点Qを結ぶ最短の経路のうち，辺CD上の点を通る場合の長さを$\ell$，辺CG上の点を通る場合の長さを$m$，辺FG上の点を通る場合の長さを$n$とする。このとき，次の各問いに答えよ。

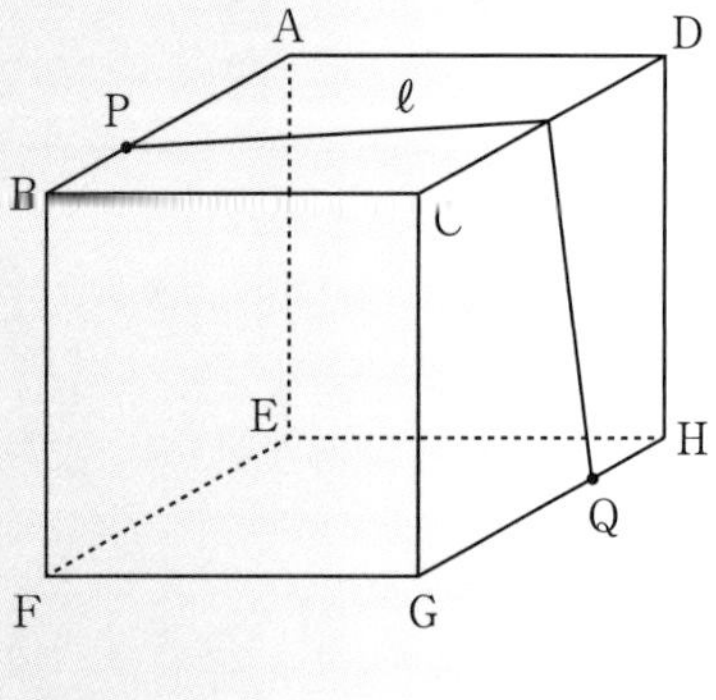


(1)　$m = 7$のとき，$x$の値を求めよ。

(2)　$(m + \ell)(n - \ell) = 1$のとき，$x$の値を求めよ。

解答　(1)　$-4+2\sqrt{6}$　(2)　$\frac{5}{2}$

■ 東京都調布市富士見町4-23-25

■ JR中央線「三鷹駅」・京王線「調布駅」「飛田給駅」・JR南武線「矢野口駅」スクールバス

■ 042-444-9100

■ http://www.meiji.ac.jp/ko_chu/


**学校説明会**

9月12日（土）14：00～15：20
10月17日（土）10：00～11：50
　　　　　　　14：00～15：50
11月21日（土）10：30～11：50
　　　　　　　14：00～15：20

**紫紺祭（文化祭）**

9月26日（土）10：00～16：00
9月27日（日）9：30～15：30

**施設見学会**

すべて10：00~12：00、13：30~15：30
5月23日（土）　6月27日（土）
7月31日（金）　8月１日（土）
8月28日（金）　8月29日（土）

# 私立高校の　入試問題

## 川《かわ》越《ごえ》東《ひがし》高等学校

■ 埼玉県川越市久下戸6060

■ JR京浜東北線ほか「大宮駅」・東武東上線「上福岡駅」・JR川越線「南古谷駅」・西武新宿線「本川越駅」スクールバス

■ 049-235-4811

■ http://www.kawagoehigashi.ed.jp/


### 問題

次の会話文を読んで設問に答えなさい。

Young-hee：Have you heard about Eun-mi?
Jung-soo：No, I haven't talked to her in a while. ( ① )
Young-hee：Well, so-so. She broke her arm.
Jung-soo：That's terrible. How did it happen?
Young-hee：Well, she went skiing during winter vacation. She had a bad fall and broke her arm.
Jung-soo：That doesn't sound so good, but ( ② ) How's she doing with her schoolwork?
Young-hee：Haven't you heard yet? She's decided to drop out of college and become a musician.
Jung-soo：( ③ ) What made her decide to do that?
Young-hee：Well, you know that CD she made in her home recording studio? She sent it to a record company and they're giving her a contract!
Jung-soo：That's great news! Good for her. Maybe she'll be on TV soon!

1．( ① )に入る最も適当なものを選びなさい。
ア．How are things with her?
イ．How do you do?　ウ．What will it be?
エ．What is she?

2．( ② )に入る最も適当なものを選びなさい。
ア．I'm sad it wasn't better.
イ．I'm sad it was better.
ウ．I'm glad it wasn't worse.
エ．I'm glad it was worse.

3．( ③ )に入る最も適当なものを選びなさい。
ア．I haven't met her before.
イ．You're kidding!　ウ．I'm so happy for you!
エ．How do you feel?

解答　①ア　②ウ　③イ

## 中《ちゅう》央《おう》大《だい》学《がく》高等学校

■ 東京都文京区春日1-13-27

■ 地下鉄丸ノ内線・南北線「後楽園駅」徒歩5分、都営三田線・大江戸線「春日駅」徒歩7分、JR総武線「水道橋駅」徒歩15分

■ 03-3814-5275

■ http://www.cu-hs.chuo-u.ac.jp/


### 問題

図のように半径$\sqrt{3}$の円Oに内接する四角形ABCDの対角線BDはこの円の直径であり，$\angle ABD=45^\circ$，$\angle CBD=30^\circ$です。さらに，辺BC上に$\angle CED=45^\circ$となるように点Eをとり，線分AEとBDの交点をFとするとき，以下の問に答えなさい。

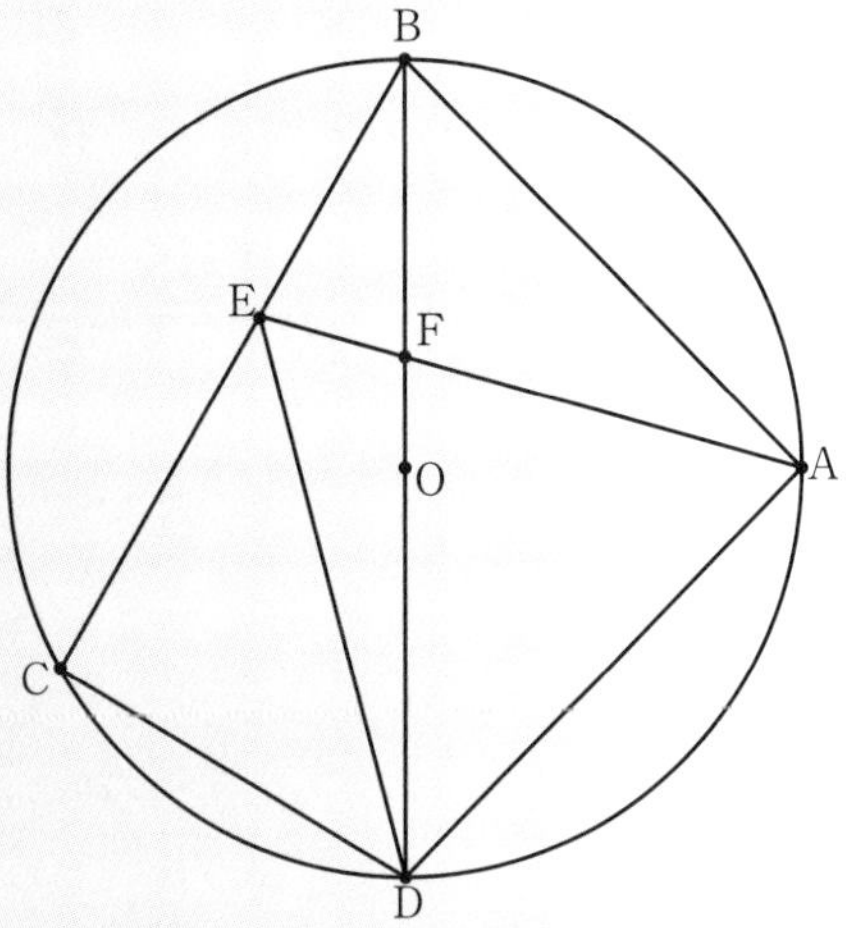


問1．線分BEの長さを求めなさい。

問2．線分AFの長さを求めなさい。

解例　問1．$3-\sqrt{3}$　問2．$3\sqrt{2}-\sqrt{6}$

# みんなの お便りコーナー サクセス広場

## テーマ 私、○○を宣言します!

私、**自主勉強を1日1時間30分すること**を宣言します！　もともとお母さんに「勉強しなさい」って言われていて、どうせならたくさん勉強して成績をよくしようと思ったからです。
（中１・勉強頑張りますさん）

明日こそは**朝ちゃんと起きます！**ってもう100回くらい言ってる気がする…。朝ほんと苦手なんです。
（中１・夜行性さん）

色が黒いのが嫌で仕方ないので、今年の夏は**絶対に日焼けしません!**脱皮したかのように白くなりたいです。
（中２・色白になりたいさん）

**泣かない宣言**。私、すぐに泣いてしまうので、今年はなんとかそれをなおしたい。でも、どうしたらいいのでしょうか…？
（中１・もう涙が…さん）

**第1志望校に合格する**ことを宣言します！　とでも言わないと頑張れない気がして…。後悔しないようにとにかく勉強します！
（中２・U.I.さん）

**あいさつをする**ことを宣言します。朝、近所の人にあいさつすると気分がよくなることに気づいたので、毎朝家の近くの人や友だち、先生にしっかりあいさつすることにします！
（中２・やる気まんまんさん）

## テーマ やってみたいスポーツ

**サーフィン！**　せっかく海の近くに住んでいるんだからマリンスポーツを始めたい！
（中２・海ぼーずさん）

テレビで見た**ダブルダッチ**がすごくかっこよくて憧れた。けど、やるには人数が必要だからまずは仲間集めから始めなきゃ。
（中３・全員集合さん）

**カーリング**。あの掃除しているかのような不思議な競技に惹かれます。
（中１・T.O.さん）

いつか**東京マラソン**に参加したいです。みんなすごく楽しそうですよね。仮装して注目を集めたい！
（中１・ランニングマンさん）

この前、テレビでたまたま「**アルティメット**」というフリスビーを使うスポーツを見たんです。すごくおもしろそうだったので、ぜひやってみたいです！　ルールとかまだ全然わかんないけど。
（中２・フリスビーですよね？さん）

## テーマ 最近できるようになったこと

**髪を自分で結べるようになった**。小学３年生から、ずっと髪が短くて髪を結んでいなかったら、なんと自分で結べなくなってました！
（中２・無限大さん）

**逆立ちして歩ける**ようになりました。友だちがやっているのを見て、悔しくて練習しました。いまでは彼より長く歩けます。
（中３・サカダッチーさん）

**リンゴの皮むき**。始めから終わるまで皮をつなげたままむくのがマイブームです。
（中１・りんこさん）

部屋を**きれいなままキープ**できるようになった。もう汚い部屋には戻らないぞー！
（中１・きれい好きに変身さん）

マラソンの授業で、最後まで歩かずに**3km走れる**ようになりました！　これからはタイムを更新していきたいです！
（中１・短距離派さん）

### 必須記入事項

A／テーマ、その理由　B／住所　C／氏名
D／学年　E／ご意見、ご感想など

ハガキ、FAX、メールを下記までどしどしお寄せください!
住所・氏名は正しく書いてください!!
ペンネームは氏名のうしろに(　)で書いてネ!
【例】サク山太郎(サクちゃん)

### 宛先

〒101-0047　東京都千代田区内神田2-4-2
グローバル教育出版　サクセス編集室
FAX:03-5939-6014
e-mail:success15@g-ap.com

### 募集中のテーマ

「見てみたい世界遺産」
「学校自慢!」
「日本のいいところ」

応募〆切 2015年5月15日

ここにメールしてね!!

success15

ケータイ・スマホから上のQRコードを読み取り、メールすることもできます。

Present!!
掲載された方には抽選で**図書カード**をお届けします!

掲載にあたり一部文章を整理することもございます。個人情報については、図書カードのお届けにのみ使用し、その他の目的では使用いたしません。

## サクセス イベントスケジュール

# 4月～5月

## 世間で注目のイベントを紹介

**憲法記念日**

春のお出かけを楽しめるゴールデンウィークの祝日、全部言えるかな？　５月３日が憲法記念日、４日がみどりの日、５日がこどもの日だね。憲法記念日は1947年５月３日に日本国憲法が施行されたことを記念して、その翌年に制定された祝日だ。今年の５月３日は、憲法について勉強してみるのもいいね。

---

100のモノが語る歴史の断片

### 大英博物館展
### ―100のモノが語る世界の歴史

**4月18日（土）～6月28日（日）**
**東京都美術館　企画展示室**

先史時代から現在まで、世界中の文化を網羅するコレクションで有名なイギリスの大英博物館。その膨大な約700万点の収集品のなかから選び出された100の作品を通して、これまでの人類の創造の歴史を読み解こうというユニークな展覧会が開催される。それぞれの「モノ」に宿るさまざまな「歴史の断片」に触れ、世界の歴史を感じてみよう。

ルイス島のチェス駒　1150～1200年　イギリス、ルイス島　おそらくノルウェーで制作　ⓒThe Trustees of the British Museum

「大英博物館展」の招待券を５組10名様にプレゼントします。応募方法は69ページを参照。

---

ハンドメイドの祭典！

### 第39回
### 2015 日本ホビーショー

**4月23日（木）～4月25日（土）**
**東京ビッグサイト**

手作りが大好きな人には、日本ホビーショーがおすすめ。作品の展示や、ホビー用品の販売はもちろん、各種ワークショップも充実。ホビーの種類によって７つに分けられたWORLDゾーンでは、多くの個人や企業の出展があるので、見てまわるだけでもおもしろいはず。色々な種類のホビー＆クラフトを体験できる楽しいイベントだ。

---

シュルレアリスムの巨匠展

### マグリット展

**3月25日（水）～6月29日（月）**
**国立新美術館**

不可思議なイメージで見る者を魅了する作風が特徴の、20世紀を代表するベルギーの芸術家、ルネ・マグリットの大回顧展が開催中だ。空中に浮かぶ大勢の山高帽の紳士、部屋いっぱいを占拠する大きな岩など、私たちの常識や価値観を静かに揺さぶるマグリットの奇妙な絵画。一度見ると忘れられないその魅力をぜひ体感してほしい。

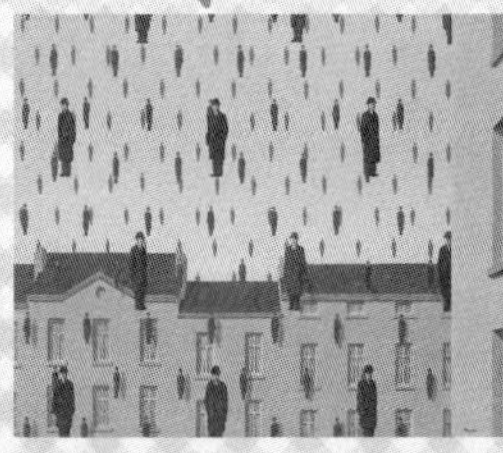

〈ゴルコンダ〉　1953年　80×100・3㎝　油彩／カンヴァス　メニル・コレクション　The Menil Collection, Houston　ⓒCharly Herscovici / ADAGP, Paris, 2015

「マグリット展」の招待券を５組10名様にプレゼントします。応募方法は69ページを参照。

---

ⓒ& TM Lucasfilm Ltd.

大人気ＳＦ作品の世界！

### スター・ウォーズ展
### 未来へつづく、創造のビジョン。

**4月29日（水・祝）～6月28日（日）**
**東京シティビュー内スカイギャラリー**

大人気ＳＦ映画「スター・ウォーズ」の世界が、六本木ヒルズ展望台、東京シティビューのなかにあるスカイギャラリーにやってくる。「スター・ウォーズ」の生みの親、ジョージ・ルーカスが世界中から選りすぐったアーティストによるアート作品60点のほか、映画製作で実際に使われたコンセプトアートや衣裳、小道具など計約100点が展示される。

---

国宝 鳥獣人物戯画甲巻（ちょうじゅうじんぶつぎがこうかん）（部分）平安時代・12世紀　4巻のうち甲巻縦31・1、全長1156・6㎝　京都・高山寺　この場面は、前期（4／28～5／17）に展示されます。

日本で最も有名な絵巻物

### 特別展　鳥獣戯画
### ―京都　高山寺の至宝―

**4月28日（火）～6月7日（日）**
**東京国立博物館**

ウサギやカエルなどの動物たちが、まるで人間のように遊んだり儀式をしたりする様子がいきいきとユーモラスに描かれていることで有名な絵巻物「鳥獣戯画」が、上野の東京国立博物館で見られるよ。併せて、「鳥獣戯画」が伝来した京都・高山寺ゆかりの寺宝も多数紹介される見応えたっぷりの内容が嬉しい（絵巻物は前後期で展示場面替えあり）。

---

うどん日本一決定戦！

### U－1グランプリ2015
### 東京の陣

**5月2日（土）～5月6日（水）**
**有明　イーストプロムナード　石と光の広場**

うどん日本一を決めるその名も「U－1グランプリ」が今年も開催されるよ。日本全国から腕自慢のうどん店が集結！　売り上げや来場者による投票などで優勝を決めるイベントだ。ひとくちにうどんと言っても、種類や料理法、合わせる具材、出汁《だし》やつゆの違いなど、想像以上に個性豊か。色々食べ比べができるのも楽しそうだね。

# Success15 fifteen Back Number

## サクセス15 バックナンバー好評発売中！

### 2015 4月号

**国立・公立・私立**
**徹底比較2015**
**東大生オススメブックレビュー**

SCHOOL EXPRESS
早稲田実業学校高等部

Focus on
神奈川県立横浜緑ケ丘

### 2015 3月号

**もっと知りたい！**
**高大連携教育**
**宇宙について学べる施設**

SCHOOL EXPRESS
国際基督教大学

Focus on
茨城県立土浦第一

### 2015 2月号

**受験生必見！**
**入試直前ガイダンス**
**2014年こんなことが**
**ありました**

SCHOOL EXPRESS
昭和学院秀英

Focus on
東京都立青山

### 2015 1月号

**学年別**
**冬休みの過ごし方**
**パワースポットで**
**合格祈願**

SCHOOL EXPRESS
慶應義塾湘南藤沢

Focus on
千葉県立千葉東

### 2014 12月号

**いまから知ろう！**
**首都圏難関私立大学**
**スキマ時間の使い方**

SCHOOL EXPRESS
明治大学付属明治

Focus on
埼玉県立川越

### 2014 11月号

**過去問演習**
**5つのポイント**
**本気で使える文房具**

SCHOOL EXPRESS
立教新座

Focus on
神奈川県立柏陽

### 2014 10月号

**大学生の先輩に聞く**
**2学期から伸びる**
**勉強のコツ**
**「ディベート」の魅力とは**

SCHOOL EXPRESS
筑波大学附属駒場

Focus on
千葉県立薬園台

### 2014 9月号

**こんなに楽しい！**
**高校の体育祭・**
**文化祭**
**英語でことわざ**

SCHOOL EXPRESS
渋谷教育学園幕張

Focus on
東京都立国分寺

### 2014 8月号

**2014年**
**夏休み徹底活用術**
**夏バテしない身体作り**

SCHOOL EXPRESS 市川

Focus on 埼玉県立川越女子

### 2014 7月号

**イチから考える**
**志望校の選び方**
**日本全国なんでもベスト3**

SCHOOL EXPRESS 筑波大学附属

Focus on 東京都立三田

### 2014 6月号

**難関国立・私立校の**
**入試問題分析2014**
**快眠のススメ**

SCHOOL EXPRESS 豊島岡女子学園

Focus on 埼玉県立春日部

### 2014 5月号

**先輩に聞く!!**
**難関校合格への軌跡**
**高校図書館＆オススメ本**

SCHOOL EXPRESS お茶の水女子大学附属

Focus on 神奈川県立厚木

### 2014 4月号

**勉強も部活動も頑張りたいキミに**
**両立のコツ、教えます**
**水族館・動物園などのガイドツアー**

SCHOOL EXPRESS 慶應義塾

Focus on 東京都立駒場

### 2014 3月号

**どんなことをしているの？**
**高校生の個人研究・卒業論文**
**理系知識を活かしたコンテスト**

SCHOOL EXPRESS 東京学芸大学附属

Focus on 千葉県立船橋

### 2014 2月号

**勉強から不安解消まで**
**先輩たちの受験直前体験談**
**合格祈願グッズ**

SCHOOL EXPRESS 開成

Focus on 千葉県立千葉

### 2014 1月号

**冬休みの勉強法**
**和田式ケアレスミス撃退法**
**直前期の健康維持法**

SCHOOL EXPRESS 早稲田大学本庄高等学院

Focus on 埼玉県立大宮

これより前のバックナンバーはホームページでご覧いただけます（http://success.waseda-ac.net/）

## How to order
## バックナンバーのお求めは

バックナンバーのご注文は電話・ＦＡＸ・ホームページにてお受けしております。詳しくは80ページの「information」をご覧ください。

# さくいん



## ＜コーナー名＞



## ＜本文中記事＞

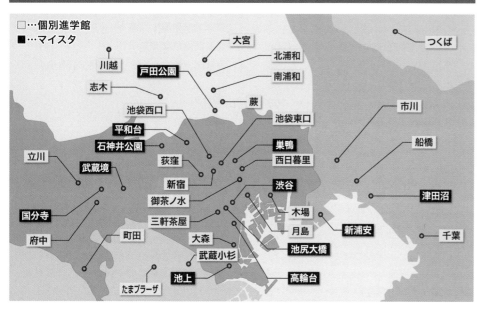

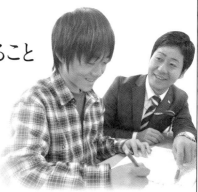

# 「個別指導」という選択肢――

《早稲田アカデミーの個別指導ブランド》

MYSTA 早稲田アカデミー 個別指導マイスタ

早稲田アカデミー 個別進学館

## ○目標・目的から逆算された学習計画

マイスタ・個別進学館は早稲田アカデミーの個別指導ブランドです。個別指導の良さは、一人ひとりに合わせた指導。自分のペースで苦手科目・苦手分野の学習ができます。しかし、目標には必ず期日が必要です。そこで、期日までに必要な学習内容を終えるための、逆算された学習計画が必要になります。早稲田アカデミーの個別指導では、入塾の際に長期目標／中期目標を保護者・お子様との面談を通じて設定し、その目標に向かって学習計画を立てることで、勉強への集中力を高めるようにしています。

## ○集団授業のノウハウを個別指導用にカスタマイズ

マイスタ・個別進学館の学習カリキュラムは、早稲田アカデミーの集団授業のカリキュラムを元に、個別指導用にカスタマイズしたカリキュラムです。目標達成までに何をどれだけ学習するかを明確にし、必要な学習量を示し、毎回の授業・宿題を通じて目標に向けて学習し続けるためのモチベーションを維持していきます。そのために早稲田アカデミー集団校舎が持っている『学習する空間作り』のノウハウを個別指導にも導入しています。

## ○難関校にも対応

マイスタ・個別進学館は進学個別指導塾です。早稲田アカデミー教務部と連携し、難関校と呼ばれる学校の受験をお考えのお子様の学習カリキュラムも作成します。また、早稲田アカデミーオリジナルの難関校向け教材も、カリキュラムによっては使用することができます。

**好きな曜日!!**

「火曜日はピアノのレッスンがあるので集団塾に通えない…」そんなお子様でも安心!!好きな曜日や都合の良い曜日に受講できます。

**1科目でもOK!!**

「得意な英語だけを伸ばしたい」「数学が苦手で特別な対策が必要」など、目的・目標は様々。1科目限定の集中特訓も可能です。

**好きな時間帯!!**

「土曜のお昼だけに通いたい」というお子様や、「部活のある日は遅い時間帯に通いたい」というお子様まで、自由に時間帯を設定できます。

**回数も自由に設定!!**

一人ひとりの目標・レベルに合わせて受講回数を設定できます。各科目ごとに受講回数を設定できるので、苦手な科目を多めに設定することも可能です。

**苦手な単元を徹底演習!**

平面図形だけを徹底的にやりたい。関係代名詞の理解が不十分、力学がとても苦手…。オーダーメイドカリキュラムなら、苦手な単元だけを学習することも可能です!

**定期テスト対策をしたい!**

塾の勉強と並行して、学校の定期テスト対策もしたい。学校の教科書に沿った学習ができるのも個別指導の良さです。苦手な科目を中心に、テスト前には授業を増やして対策することも可能です。

**お子様の夢、目標を私たちに応援させてください。**

## 無料 個別カウンセリング 受付中

**その悩み、学習課題、私たちが解決します。**

個別相談時間 30分～1時間

勉強に関することで、悩んでいることがあればぜひ聞かせてください。経験豊富なスタッフが最新の入試情報と指導経験をフルに活用し、丁寧にお応えします。 ※ご希望の時間帯でご予約できます。お電話にてお気軽にお申し込みください。

**早稲田アカデミーの個別指導は首都圏に37校〈マイスタ12教室 個別進学館25校舎〉**

パソコン・スマホで MYSTA または 個別進学館 検索

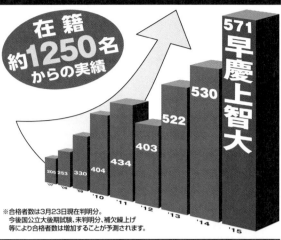

**2015年大学入試速報**

# 大学受験も 早稲田アカデミー SUCCESS18

**昨年同時期比UP!!**

## 東京大学 66名合格!

**最難関 理科Ⅲ類 3名合格**

**当塾史上最高数更新!!**

## 早慶上智大 571名合格!

**当塾史上最高数更新!!**

## GMARCH理科大 829名合格!

### ●2015年度 大学入試合格体験記

**東京大学［理科Ⅰ類］合格**
早稲田大学［創造理工学部］

**栗嶋 寛基**（私立開成高校）

**最高の学び舎**

僕は、高一から早稲田アカデミーにお世話になりました。早稲田アカデミーの授業は、オリジナル教材を用いながら、講義・演習・ディスカッションなど、それぞれの科目に適した授業形態をとっていて、本質をより簡単に学ぶことができました。また、授業中の教室には心地よい緊張感が保たれていたので、本質をより簡単に学ぶことが出来ましたし、集中して勉強に取り組むことが出来ました。高3になると毎週日曜日に東大必勝講座が設けられ、東大頻出の単元に絞った演習をこなすことで、東大受験において大きなアドバンテージを獲得することが出来たと思います。さらに、センター試験が終わると、毎週テストゼミが行われ、テストに対する経験値を高めるとともに、周りのライバルたちと切磋琢磨することで、受験当日まで高いモチベーションを維持することが出来ました。勉強面以外においても、早稲田アカデミーには、質の高い自習室や、きれいなラウンジといったような勉強する上で役に立つ設備も充実していて、受験勉強する上で素晴らしい環境だったと思います。かなり有効活用させていただきました。僕が合格できたのは早稲田アカデミーのおかげだと思います。ありがとうございました。

**東京大学［理科Ⅰ類］合格**
早稲田大学［先進理工学部］

**林 佑亮**（私立麻布高校）

**早稲アカをふり返って**

僕は小学校の時に早稲アカにお世話になり思い入れがあったので、大学受験も早稲アカで頑張ろうとサクセス18に中学2年生の時に入塾しました。中2から中3までは学校の勉強の補習的な意味合いで英語だけ受講していました。高校生になってからは数学と英語の授業をとることにし、週2回サクセス18に通いました。宿題が適度にあったので、高1の頃から学習を習慣化することができ、低学年のうちも中だるみすることなく一定のリズムで勉強をすることができました。高2の秋から化学を受講し、この頃から受験を意識するようになりました。高3になってからは東大必勝などの志望校対策授業が始まり、勉強意欲の低かった僕も強制的に勉強する場ができたことで成績を維持・向上することができました。東大必勝では朝から8時間の長い授業時間もさることながら、毎回提出した課題が次週の授業で添削されて返却されてくるので、自分のどこが悪かったのかということがとても良く分かり、丁寧な添削は復習にとても役に立ちました。直前期はメンタルを保つことを最優先に考え、勉強だけでなく、休憩や気晴らしに多くの時間を割きました。東京大学に合格できてとてもうれしいです。5年間お世話になりました。ありがとうございました。

**東京大学［理科Ⅰ類］合格**
早稲田大学［先進理工学部］、慶應義塾大学［物理生命理工学部］、上智大学［理工学部］、立教大学［理学部］

**榊原 華帆**（東洋英和女学院高校）

**C判定からの大逆転**

私が早稲アカで大学受験の勉強を始めたのは中学3年の時でした。小6の時に1年間だけ、中学受験のためにお世話になっていたので、早稲アカの先生が持つ独特な熱気にまた触れたいと思ったからです。明確な目標も持たないまま1番下のクラスで勉強を続けていましたが、高校1年生になって初めて田中先生の英語の授業を受けた時、東大を目指す事が当たり前のようなレベルの高い学校の生徒たちに囲まれて、もしかしたら私も東大にいけるかもしれないと考えました。受験生の中で本当に底辺からのスタートでしたが、自分の実力不足がはっきりとわかっている分、慢心することなく常に上だけをみて勉強に励むことができました。センター試験では目標以上の高得点をとり、好調な滑り出しでした。その後の入試直前期には日を追うごとに自分が成長していることを実感しました。東大必勝の直前模試では、本番と同じ形式の問題を解くことで限られた時間の使い方に慣れ、何よりレベルの高い東大受験生の中で競い合うことで常にモチベーションを保つことができました。最後の模試ではそれまでで一番良い順位を取って自信を付け、迎えた本番、ずっと苦手だった数学では目標より多くの完答をし、今年形式が少し変わった英語でも焦ることなく最後の最後まで落ち着いて取り組むことができました。予備校の東大模試でC判定までしか取ったことが無かった私が東大に合格することができたのは、最後まで早稲アカの先生たちに応援され、合格に必要な指導を受け、そして共に頑張る仲間たちのおかげです。3年以上お世話になった早稲アカ渋谷校に本当に感謝しています。

**東京大学［文科Ⅰ類］合格**
早稲田大学［法学部］、明治大学［法学部］

**米澤 友美子**（桜蔭高校）

**早稲アカに通い続けて**

10年前、小学校2年生の冬。偶然家のポストに入っていた一通のダイレクトメールがきっかけで私は早稲田アカデミーに入塾しました。その後10年もの間早稲アカに通い続けることになろうとは当時は思いも寄りませんでした。東大を目指す、ということは長く苦しい戦いです。東大を諦めようと思うことが何度もありました。特に高1の時は数学は定期テストでも40点台、英語は教科書レベルの英文の読解にも四苦八苦、国語はまともに文字が読めないという状態で、とても東大に合格できる学力ではありませんでした。しかし、早稲アカの先生方の個性豊かでかつ受験という枠にとらわれない高度な授業、生徒一人一人に即した熱意あふれる学習指導のおかげでなんとか東大に合格にできる学力を身につけることができました。また、先生方がこまめに声をかけて下さったり、中学受験の時にお世話になった先生までもが応援して下さったりと精神的な面でも支えてもらいました。先生と生徒が一丸となって入試に臨める早稲アカだったからこそ、私は東大に合格することができました。小学校2年生の時、幼いながらに私の下した、早稲田アカデミーという選択の正しさは、10年の時を経て桜蔭、そして東大合格という形で証明されたと思います。

---

**早稲田アカデミー 本気、現役合格**

現役生難関大受験専門塾サクセスエイティーン
**SUCCESS18**

**大学受験部 ☎03(5954)3581(代)**

パソコン・スマホで 早稲田アカデミー 検索 ➡「高校生コース」をクリック!

---

**高校生対象**

## 医学部現役合格

### 医学部受験専門エキスパート講師が生徒が解けるまでつきっきりで指導する! だから最難関の医学部にも現役合格できる!

### 医学部という同じ目標を持つ仲間と切磋琢磨!

**現役合格は狭き門。入試でのライバルは高卒生。**

一部の高校を除き、医学部志望者がクラスに多数いることは非常に稀です。同じ目標を持つ生徒が集まる野田クルゼの環境こそが、医学部現役合格への厳しい道のりを乗り越える原動力となります。

また、医学部受験生の約70%は高卒生です。現役合格のためには早期からしっかりとした英語、数学の基礎固めと、理科への対応が欠かせません。

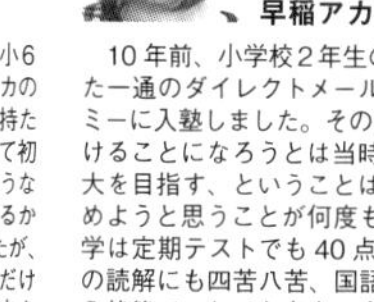


■医学部受験生の割合

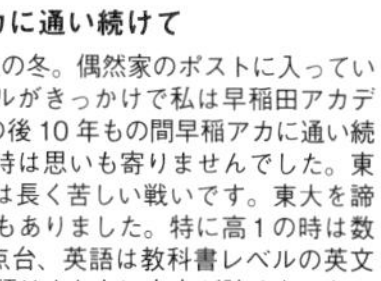


■現役合格を逃した原因

**Point 1** 一人ひとりを徹底把握 **目の行き届く少人数指導**

**Point 2** 医学部専門の **定着を重視した復習型の授業**

**Point 3** 受験のエキスパート **東大系主力講師陣**

**Point 4** いつでも先生が対応してくれる **充実の質問対応と個別指導**

**Point 5** 推薦・AO入試も完全対応 **経験に基づく万全の進路指導**

**Point 6** 医学部の最新情報が全て集結 **蓄積している入試データが桁違い**

# Success15

## From Editors

新学期が始まりました。1年生のみなさん、入学おめでとうございます。色々なことに挑戦して充実した中学校生活を送ってください。2年生は、中学校生活にも慣れたと思いますので、勉強に部活動に精一杯励んでください。3年生は受験ですね。1年後には楽しい高校生活が待っているとイメージしながら、思いっきり勉強してください。そして、中学校最後の1年間、友だちと過ごす時間も大切にしてください。大人になって学生のころにできた友だちと話していると、まるで当時に戻ったかのような気分になって、とても楽しいです。友だちと励ましあえば、受験勉強がつらくてもきっと乗り越えられるはずです！　(S)

## 5月号

## Information

『サクセス15』は全国の書店にてお買い求めいただけますが、万が一、書店店頭に見当たらない場合は、書店にてご注文いただくか、弊社販売部、もしくはホームページ(下記)よりご注文ください。送料弊社負担にてお送りします。定期購読をご希望いただく場合も、上記と同様の方法でご連絡ください。

## Opinion, Impression & etc

本誌をお読みになられてのご感想·ご意見·ご提言などがありましたら、ぜひ当編集室までお声をお寄せください。また、「こんな記事が読みたい」というご要望や、「こういうときはどうしたらいいの」といったご質問などもお待ちしております。今後の参考にさせていただきますので、よろしくお願いいたします。

## サクセス編集室お問い合わせ先

TEL 03-5939-7928
FAX 03-5939-6014

高校受験ガイドブック2015⑤サクセス15

発行　2015年4月15日　初版第一刷発行
発行所　株式会社グローバル教育出版
〒101-0047 東京都千代田区内神田2-4-2
TEL　03-3253-5944
FAX　03-3253-5945
http://success.waseda-ac.net
e-mail　success15@g-ap.com
郵便振替　00130-3-779535
編集　サクセス編集室
編集協力　株式会社 早稲田アカデミー



## Next Issue　6月号

**Special 1**

### 高校入試問題にチャレンジしよう！

**Special 2**

### 世界遺産ガイド

**School Express**

### 慶應義塾志木高等学校

**Focus on** 公立高校

### 東京都立富士高等学校

※特集内容および掲載校は変更されることがあります